日の丸コンテナ会社

ONEはなぜ成功したのか？

幡野武彦
松田琢磨

日経BP

日の丸コンテナ会社ＯＮＥはなぜ成功したのか？

目次

CONTENTS

第3章 背水の陣として発足したONE 99

第5章 ONE「奇跡の成功」の舞台裏

エピローグ

病床からのクリスマスカード

シンガポール港のONE専用ターミナル　（写真提供：ONE）

プロローグ

邦船3社が赤字お荷物事業を統合して シンガポールに飛ばしたら、 「出島組織」に奇跡が起きて 2年連続で利益が2兆円!

「出島組織」ONE

シンガポールに本拠地を置くコンテナ海運会社Ocean Network Express（オーシャン・ネットワーク・エクスプレス、通称ONE）のマネージング・ダイレクターである岩井泰樹（54）が長崎市に姿を見せたのは2022年11月12日。

数日前にはONEの2022年度決算予想が発表され、関係者を驚かせていた。同社の利益予想が152・7億ドルに上ったからだ。同年後半にはコロナ禍を受けたサプライチェーンの混乱が一段落し、高騰していたコンテナ運賃も急降下している。ところが、売上減にもかかわらず、円換算すると1ドル140円の円安効果で2兆1378億円。運賃高騰の恩恵を受けた前期2021年度も、売上高300億9800万ドル、税引き後利益167億5600万ドル（当時の為替換算で約2兆1800億円）と仰天の稼ぎであり、2年連続2兆円の利益となった。

岩井がこの地を訪れたのは、「第1回出島組織サミット」に出席するためだ。同市にある国指定史跡、「出島和蘭商館跡」内の旧長崎内外クラブで開催されたこのイベントは、江戸時代の出島になぞらえて、本社や本部から離れた場所で新しい試みや知恵・工夫を生み出す組織やチームを「出島組織（Dejima team）」と称し、全国各地から集まって互いに知恵や工夫を出し合うことを目的としたものだ。

江戸幕府が作った出島はオランダや中国との貿易窓口として、当時の日本にとって唯一の公式交流拠点だった。貿易にとどまらず、文化や学問の輸入から国際情勢に関する情報の集まる重要拠点として、江戸時代における日本の近代化を支えた。一方で外国との通商を制限していた当時の日本で出島がこれだけの機能を発揮できた背景には、江戸から遠く離れていた地の利もあった。

実行委員会副会長の倉成英俊によると、出島組織の定義は、次の通りだ。

①本体組織から何かしらの形ではみ出して
②新しい価値を生む組織

当日は主催者の趣旨に賛同して、30社52人の「出島組織」が集結した。数々のユニークな参加者の中でもひときわ目を引いたのが、海外組のシンガポールからやってきたONEだった。

岩井はONEが出島の精神を引き継いだ企業であることを強調し、熱い思いで参加者に語りかけた。

「当時の日本にとって、世界とつなぐ唯一の窓口である出島ほど重要な場所は存在しませんでした。出島こそ日本の海運業にとっての原点であり、ルーツでもあります。出島を通じて学んだ海外の優れた手法や知識によって日本各地の港が発展し、海運業が台頭することになりました。われわれはいまシンガポールで、出島の精神を改めて見つめ直しながらビジネスをしています」

3社のコンテナ事業を統合

2017年7月、川崎汽船、商船三井、日本郵船という日本の大手海運3社がONEを設立した。だからONEは、発足して5年余の新しい会社である。

ONEの親会社となった海運3社は、いずれも100年を超える歴史を持つ日本の大企業である。業界では邦船3社と呼ぶ。彼らは世界で五指に入る運航規模を誇り、船の種類もタンカーからばら積み船、自動車専用船など幅広い。

現在はONEに集約されたコンテナ輸送も、かつて3社の事業部門として互いに鎬《しのぎ》を削っていた。コンテナ船部門は、前身となる定期船輸送部門の時代から重要度もステータスも高い存在と位置づけられ、3社の歴代経営陣の多くを輩出してきた伝統部門だった。

ところが、コンテナ船事業は長きにわたって収益性の高い事業ではなかった。世界景気の変動の影響をもろに受ける市況業種で、近年も世界を襲った2008年のリーマン・ショックによる不況の荒波を受けて業績が低迷していた。

赤字脱却のための悪戦苦闘は長く続き、コンテナ船部門の事業拠点を日本から海外に移すなどの試みも行われてきた。分社化はしていないものの、コンテナ船の本部機能を日本郵船がシンガポール、商船三井は香港に移管し、川崎汽船もコンテナ船部門の中核機能をシンガポールに置くなど、3社とも早くから海外を中心とした事業運営に切り換えていた。

最終的に3社はそれぞれのコンテナ船部門を本体から切り離し、合弁で新会社を発足させる決断を下す。それで誕生したのがＯＮＥだった。

ＯＮＥは現在、約２００隻のコンテナ船を運航し、１７０万本のコンテナを使って世界規模で輸送サービスを展開している。「世界のどの会社とも違う色」のピンク（マゼンタ）色の船体とコンテナに、岩井らが掲げた「出島組織」の理想が込められている。もちろん、ピンク色は日本を代表する桜を象徴してもいる。

１２０カ国との間で１３０の定期航路を提供するネットワークを張り巡らせ、顧客数は2万社を超える。従業員は全世界で1万１０００人。シンガポール本社スタッフの国籍は19カ国に上るグローバルカンパニーである。

世界規模でビジネスを手がける大きさもさることながら、特筆すべきは世界の名だたる有名企業と比べても遜色のない業績である。２０２１年度の日本企業で最終利益のトップはトヨタ自動車の2兆８５０1億円、2位はＮＴＴで1兆１８１０億円、3位が三菱ＵＦＪファイナンシャル・グループで1兆１３０８億円。単純に比較すると、ＯＮＥはトヨタ自動車に次ぐ日本企業第2位の利益をあげたことになる。今期も円安で好業績企業が相次ぐ中、ＯＮＥは再び利益で上位に名前を連ねることが確実だ。

不振事業を本体から分離し、企業の枠を超えて事業統合する事例は半導体や液晶パネル（ＬＣＤ）など他産業でも見られるが、政府の後押しを受けて誕生した「日の丸事業統合会社」でうまくいった例はない。

半導体では、ＮＥＣ、日立、三菱電機のメモリー部門を統合したエルピーダメモリが２０１２年２月に経営破綻して、米半導体大手のマイクロンテクノロジーに売却された。ロジック半導体のルネサスエレクトロニクスは、三菱電機と日立、ＮＥＣエレクトロニクスが事業統合して２０１０年に誕生した。同社は自動車向けなどのマイコンに強みを持つが、２０１０年代前半まで毎年１０００億円の赤字を出し、２０１３年には政府系投資会社の産業革新機構（現ＩＮＣＪ）の傘下に入って経営再建に取り組んでいる。

液晶パネルでは、産業革新機構主導で東芝、日立、ソニーの中小型液晶パネル事業を統合して２０１３年にジャパンディスプレイが設立されたが、事業環境の悪化などもあって２０２２年３月、資本金を１億円に減資している。

危機打開のために集まった「日の丸事業統合会社」は、いずれも経営環境の変化についていけず、ジリ貧に拍車をかけた。だから、複数企業が赤字事業を統合することは、最後の手段と見られても当然だった。

ＯＮＥ快進撃の秘密

では、日本郵船、商船三井、川崎汽船の３社の経営判断によって誕生したＯＮＥはなぜ短期間で成功を収めたのだろう。

第一の理由は、邦船3社の本社や許認可権限を持つ霞が関がある東京から遠く離れたシンガポールに「出島組織」として設立されたことだ。そのことで、本社や監督官庁の考えを忖度することなく、細かく口出しされることもなく、グローバル市場を相手にゼロからスタートアップ企業のように設計できた。

「新しいことを積極的に取り入れながら、意思決定を早く下せる体制を構築できた」

2022年12月でシンガポール駐在歴が通算10年になった岩井は振り返る。

筆者2人（幡野、松田）は2022年10月、コロナ規制解除後のシンガポールを訪れた。同地ではコンテナ船をはじめ、多くの船舶がはるか沖合まで停泊するマラッカ・シンガポール海峡を望むONE本社で関係者のインタビューを行った。

さらに、世界のコンテナ港湾の中でも立ち入ることが難しいことで知られるシンガポール港で、現在主力のコンテナ専用埠頭であるパシール・パンジャン・ターミナルの内部を見学した。港を運営する世界最大の港湾運営会社の一つ、PSA幹部の案内でコンテナヤード内でのコンテナ自動積み下ろしを制御する最新鋭施設の内部も見ることができた。

ONE本社はシンガポール経済の中心マリーナベイ地区にあり、隣接するビルが建つ前までは公園のマーライオン像を直下に眺めることができた。

オフィスではシンガポール人女性幹部の姿が目立ち、Googleなど外資系企業のオフィスを参考にしたというハイテク企業風のレイアウトの中で多国籍のスタッフが働いていた。

エントランスから近いオペレーションルームでは、ONEが運航するコンテナ船の現在地を表示する最新鋭の大型スクリーンが設置されている。30代、40代の若手が中心になって「創業」したスタートアップを思わせる雰囲気で、ネットで半ば自嘲気味にJTC（ジャパン・トラディショナル・カンパニー）と呼ばれている伝統的大企業が母体とは思えない企業風土を短期間で作り上げていた。

経営面でも3社の垣根を取り払い、ミシガン大学ビジネススクールに留学経験のある岩井らが、ゼロから組織を設計した。これも「出島組織」だったことが幸いした。

成功の第二の理由は、コンテナ事業を取り巻く環境の急激な変化である。

新型コロナウイルス感染に伴う世界的な巣ごもり需要により、消費財などを運ぶコンテナ輸送の引き合いが急増した。コンテナ運賃は過去に見ないほどの高値を記録し、コンテナ輸送を営む海運会社は軒並み最高益を計上した。海運市況の好況なくしてONEの好業績はあり得なかった。

ただし、ONEの好業績は、海外の海運会社と比べても目を見張るものがある。サービス開始からわずか4年で海外の大手海運会社と伍して競争できる体制を確立し、MSC（スイス）、APモラー・マースク（通称マースク、デンマーク）、CMA CGM（フランス）、中国遠洋海運集団（COSCO）（中国）、ハパックロイド（ドイツ）、長栄海運（エバーグリーン）（台湾）に次いで堂々の世界第7位（2022年11月現在）に躍進した。

図表P-1　ONEの売上高と税引き後利益の推移（年度）

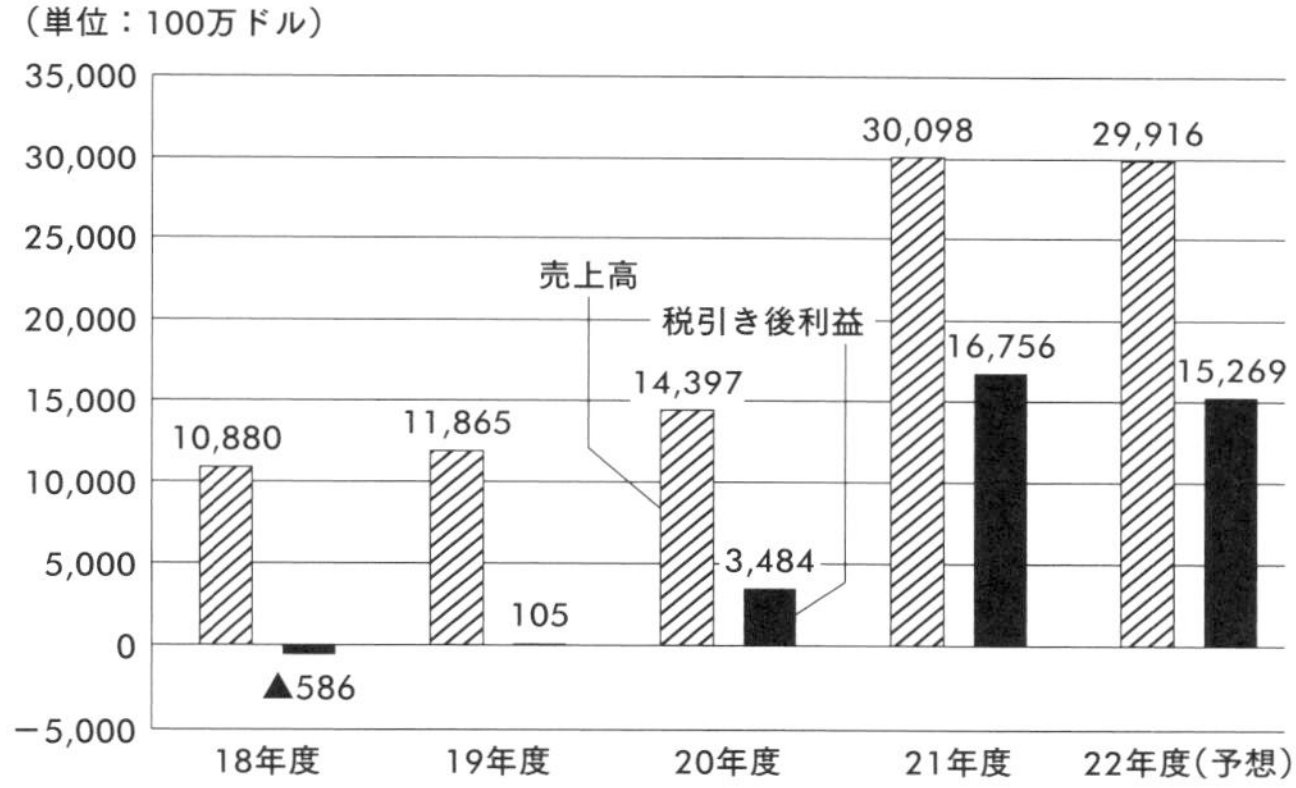

これは、ＯＮＥ自身の奮闘の賜物だ。各国の競争当局に事業認可を取り付け、必死にセールスを進めた結果である。事業運営を開始した２０１８年度こそ５・86億ドルの赤字だったが、次年度に黒字化した。２０１９年度が１・05億ドルの黒字、２０２０年度には34・84億ドル、サービス開始４年目の２０２１年１６７・56億ドル、２０２２年度予想も１５２・69億ドルの黒字と快進撃を続けている。

閉塞感が強い日本企業、しかも３社の赤字お荷物事業部門が統合して「出島」シンガポールで発足した企業が、起死回生の大逆転を収めることができた。こんな事例は、「失われた30年」でＭ＆Ａや赤字部門の企業の枠を越えた事業統合などの手段を使って事業の再構築を進めてきたＪＴＣ史上、他に例がない。

「ボーナスが十数カ月分出たらしい」

こんな噂が国内の海運関係者の間で広まった。ＯＮＥの好業績による利益は、株主である邦船３社にも還元されている。２０２１年度の連結経常利益は日本郵船１兆31億円、商船三井７２１７億円、川崎汽船６５７５億円。３社ともに過去最高を記録したが、その大半がＯＮＥからの持分法投資利益による貢献だった。

コンテナ輸送とそれがもたらした国際物流の革命的変化については、マルク・レビンソン『コンテナ物語　世界を変えたのは「箱」の発明だった　増補改訂版』(村井章子訳、日経ＢＰ社)に詳しい。この本によって、多くの人々がコンテナという「箱」の重要性を意識するようになってきた。また、コロナ禍を経て、これまであまり目に触れる機会が少なかった海運業界やコンテナ、海上輸送のことが報道でも多く伝えられるようになってきた。ただ、日本におけるコンテナ輸送事業とその歴史を業界紙や専門書以外で取り上げられたことは、ほとんどない。

本書では、日本にとってコンテナ輸送を手がける唯一の海運会社であり、シンガポールという出島で「奇跡」の物語を繰り広げているＯＮＥを取り上げ、その発足から快進撃に至る歴史をシンガポールでの現地取材も含めて描く(文中敬称略)。

世界初のコンテナ船、アイデアルX号へのコンテナ積み込み風景
（出典：Jean-Paul Rodrigue(2020) *Geography of Transport Systems 5th Edition*）

第 1 章

世界的不況と
コンテナ市況の低迷

邦船3社、コンテナ事業の統合を発表

「4つの結婚と1つの葬儀」

２０１６年10月31日月曜日。週始めにもかかわらず、この日は新聞・テレビ各社の経済担当記者や金融関係者にとって慌ただしい１日になることが予想されていた。多くの企業が四半期決算の発表を控えていたためだ。

東京証券取引所は四半期決算の開示時期について、「遅くとも決算期末後45日、できれば30日以内か期末の翌月内が望ましい」と企業に求めている。このため、７－９月期の翌月末にあたる10月31日に決算短信を公表する会社は多く、邦船３社もこの日に揃って決算発表を予定していた。

邦船３社の決算は、かなり厳しくなることが予想されていた。海運不況が長引いていたからだ。海運業界はリーマン・ショック直後の２００９年、市況が急落に転じて大打撃を被った。翌２０１０年は市況が一時的に上向いたものの、２０１１年以降、再び勢いを失った。世界の海運業界は供給過剰とそれに伴う運賃低迷に喘《あえ》いでいた。

２０１６年には、アジアから欧州までの海上運賃がコンテナ１本当たり最安値で約８万円にまで落ち込んでいた。いくらコンテナ船が大型化して大量輸送によるコスト抑制を進

めているとはいえ、20トンを超える貨物を運ぶ大きなコンテナを1カ月以上かけてアジアから欧州に運んで10万円も受け取れないのだ。これでは、とても経営が成り立たない。底抜けといっていいほどの厳しい状況だった。

そのうえ、好況時に発注した船価の高い船が足を引っ張って業績を押し下げていた。3社はそれまでも不採算船の処理などを進めてきたものの、より抜本的な手を打たざるを得ないとの見方が業界でも共有されていた。

午前9時半過ぎ、3社がそれぞれ、新聞やテレビ局などメディア各社に緊急記者会見の連絡をファックスで送信した。通常、海運企業が緊急記者会見を開くのは、トップ交代か合併、もしくは重大事故の発生時くらいである。ところが、「緊急記者会見のお知らせ」と記されたファックスには、会見場と時間だけ書かれ、内容には一切触れていなかった。しかも、3社ともまったく同一の内容だった。

記者たちは一斉に会見場となる大手町の経団連会館に向かったが、情報が錯綜していた。まず商船三井、次に川崎汽船、少し間を置いて日本郵船とファックスが送られた時間帯に多少のズレがあったためだ。

「商船三井と川崎汽船が合併するのではないか?」

こう予想する関係者もいた。

そう受け止められた背景には、2016年前後の世界の海運業界の激動があった。底を

2016年10月31日、コンテナ船事業の統合を発表した3社首脳。右から内藤忠顕日本郵船社長、池田潤一郎商船三井社長、村上英三川崎汽船社長　（写真提供：日本海事新聞社）

這うコンテナ運賃市況を背景に海運業界ではアライアンスの再編や企業の集約が進んでいた。

２０１６年前後だけでも、フランス海運大手ＣＭＡ ＣＧＭによるシンガポールの海運会社ネプチューン・オリエント・ラインズ（ＮＯＬ）買収、中国国有海運大手のＣＯＳＣＯグループと中国海運集団（チャイナ・シッピング）の合併、ドイツ海運大手ハパックロイドと中東海運会社ユナイテッド・アラブシッピング（ＵＡＳＣ、クウェート）の合併という大規模なＭ＆Ａが進んでいた。さらに２０１６年８月、韓国海運最大手の韓進海運が経営破綻した。

海運業界はこれまでも浮き沈みが激しい業界として知られてきたが、これほど変動の激しい年は過去に例がなかった。こうした業界再編の動きを英国の海運専門紙ロイズリストが「2016年はコンテナ船業界で4つの結婚と1つの葬儀があった」と表現したほどだ。

午前11時。3社による共同記者会見は、テレビ局も含め各メディアが勢揃いするなかで始まった。会見では、川崎汽船社長・村上英三、商船三井社長・池田潤一郎、日本郵船社長・内藤忠顕の3人がひな壇の上に立ち、それぞれのコンテナ船事業を本社から分離し、3社によるコンテナ船事業の統合会社設立を発表した。

日本にコンテナ船が初めて就航したのが1968年。翌年から日本の海運6社によるコンテナサービスが開始された。その後、紆余曲折を経て邦船3社がそれぞれコンテナ輸送サービスを提供してきた。日本でのコンテナ輸送産業開始から半世紀を経て、日本のコンテナ船事業会社が1社に集約されるという発表は、日本海運史の歴史的瞬間と言えた。

しかし、記者会見の場に華々しさはなく、むしろ強い緊張感がどことなく漂っていた。それは、3社にとって厳しい状況に追い込まれた中での事業統合の決断だったことを物語っていた。

総合経営の功罪

2010年代、海外の競合他社に比べて安定度が高いといわれた日本の海運大手も厳しい競争の中で赤字を計上することが多くなり、不採算船の処分など苦境に追い込まれていた。

日本の海運業界は1964年の海運集約で大手6社体制に再編され、その後幾度かの合併を経て1999年から現在の3社体制となった。海運大手は、タンカーやばら積み船、自動車専用船、コンテナ船など異なる船種からなる事業部門を一手に持つ総合経営、デパート型経営を強みとしてきた。

「一つの籠に卵を盛るな」というリスク分散の考えに基づいた総合経営には、一部門の好不調に左右されない安定的な経営基盤を維持できるという利点があった。例えば、ばら積み船市況が低迷しても、自動車船部門が安定した収益を上げることで会社全体の経営をカバーしてきた。

一方で複数の事業部門に投資額を分散させると、それぞれの事業がだんだんと小粒になってしまう。コンテナ船や自動車専用船などそれぞれの船種に集中する専業海運会社に比べ、専門人材の厚みや経営への目配りが出遅れる欠点があった。

日本の総合家電メーカーが1990年代以降の市場構造の変化を受けてビジネスモデルの変革を迫られたのと同じように、総合海運経営も苦しい局面に立たされていた。短期的な持ち直しはあったものの、どの事業部門もリーマン・ショック以降、苦しい状況が続き、浮上のきっかけを摑めていなかった。

図表1-1　日本の海運大手の再編図

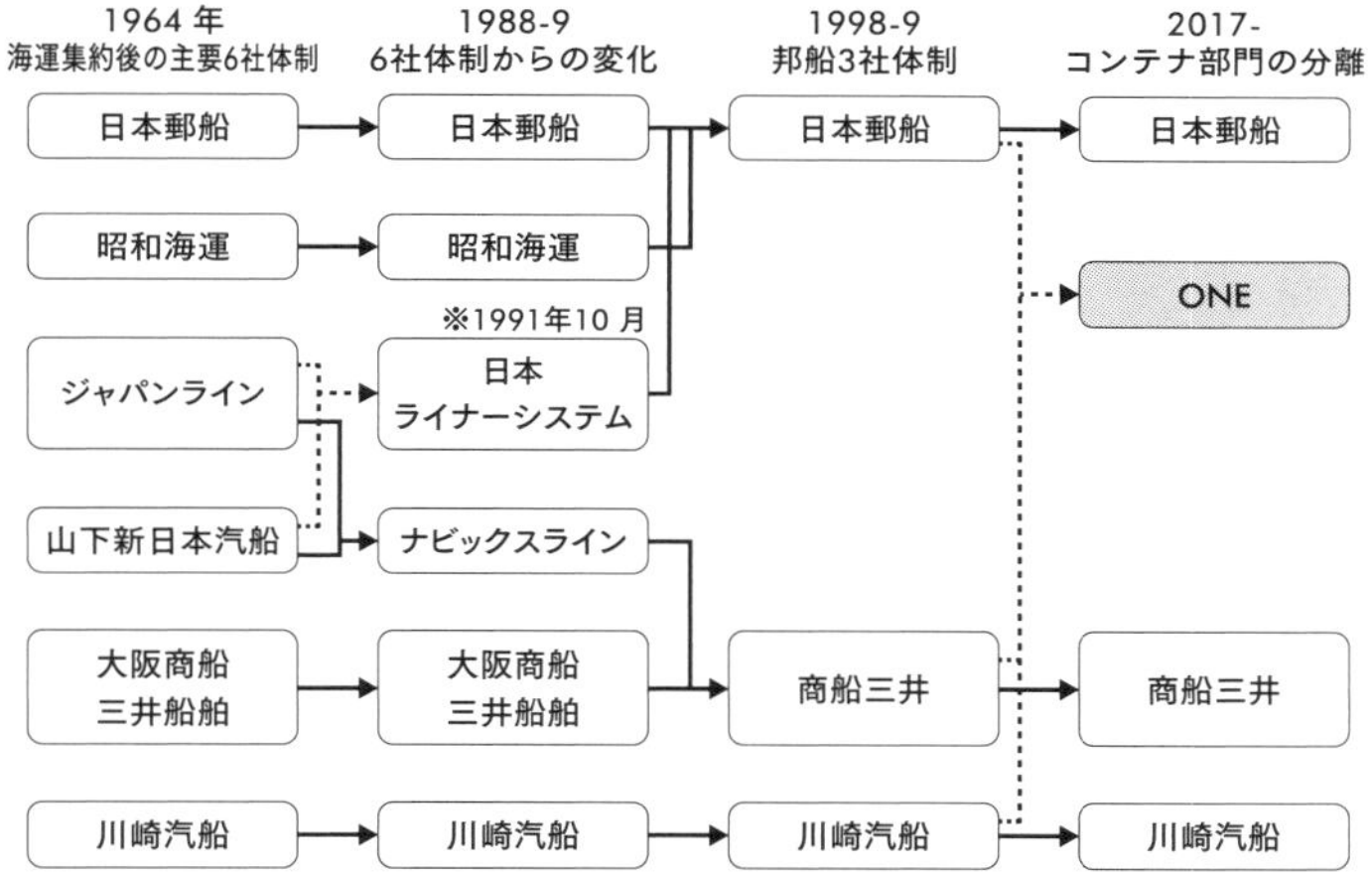

※日本ライナーシステムは1988年10月にジャパンラインと山下新日本汽船のコンテナ船部門を切り離して設立
出典：日本海事広報協会「SHIPPING NOW 2022-2023」

特にコンテナ船部門は、船舶以外にもコンテナや陸上設備などを整備する必要があることから、投資金額が大きい上に、サービスの差別化が難しいために競争が激しく、3社とも長い間多額の赤字を計上していた。会社経営を大きく揺るがす事業部門という見方すらあり、金融機関を中心に「コンテナ部門を売却すべき」という意見が以前からあった。

他方、定期船事業部門の流れを引き継いだコンテナ船事業は3社にとって祖業とも言える存在であり、売上高でも日本郵船と商船三井で3〜4割、川崎汽船では約5割を占めていた。商社と並んで海外とのビジネスができる印象が強い海運会社のグローバルなネットワーク網の基礎になっていたのは、コンテナ船事業部門の組織だった。

マネジメント層への人材輩出も、主としてコンテナ船部門が担ってきた。事業として収支は苦しいが、会社経営の屋台骨を支えてきたのが3社コンテナ船事業の組織といっても過言ではなかった。

「このままでは沈む」

その歴史と伝統のある定期コンテナ船事業部門を大手3社が分離・統合する決断を下したのは、「このままでは会社そのものが沈んでしまう」という強烈な危機感ゆえのことだった。それは3社にとって共通した思いだった。

リーマン・ショックをきっかけに2009年以降、海運業界は厳しい不況に見舞われた。中国政府による景気刺激策もあって2010年には一時的に市況回復を見せたものの、長続きはしなかった。長く厳しい海運不況の時代が続いたことで、2016年の大再編に至ったのだ。

不況という意味では2009年以上に、2年後の2011年のマースク・ショックも大きかった。このときは世界のコンテナ船業界をめぐる過当競争が招いた不況とも言われている。2009年と2011年が、2016年に至る業界再編の震源地だった。

海運大手3社のコンテナ船事業統合を振り返るため、2009年と2011年の2つのショックに時計を戻して振り返ってみたい。

リーマン・ショックとマースク・ショック

史上初のマイナス成長

２００８年９月のリーマン・ショックをきっかけに世界規模でリセッションが始まり、コンテナ輸送は大打撃を受けた。リーマン・ショックによる景気後退が本格的にコンテナ船業界に襲いかかってきたのは２００８年末以降だ。一般的にアジアと欧米諸国を結ぶ東西基幹航路と呼ばれている主要航路に加え、南米や中近東、アフリカなど新興地域を結ぶ南北航路でも、荷動きが大きく減少した。

コンテナ船事業を経営するには船舶、すなわちコンテナ船だけでなく、コンテナ機器やターミナルなど周辺機器を揃える必要がある。つまりタンカーやばら積み船のように、船だけ持っていれば商売ができるわけではなかった。コンテナ船は海運業の中でも特に投資負担が大きい装置産業としての性格を備えている。

そのため、ばら積み船やタンカーなど他部門に比べて固定費負担が重いほか、不特定多数の顧客から貨物を集めているため、市況変動に直撃されるボラティリティの高い事業と言われていた。

それでもコンテナ船は海運業の中核のひとつであり、花形だった。コンテナという箱に貨物を詰めれば世界中、どこへでも輸送できる便利さが評価され、世界の海上コンテナ輸送の輸送量は1966年に国際輸送に使われ始めてから一貫して右肩上がりだった。それが2009年にリーマン・ショックの影響で初めてのマイナスを記録した。そのことでコンテナ船を運航する海運会社はどこもパニックに陥り、運賃市況が急落した。

運賃下落時、一部船社が荷主に値下げをオファーすると、他社も追随して全体の運賃水準が下がる。こうした局面ではどの船社も自発的というより、マーケットに追随して値下げせざるを得なくなり、結果として運賃下落のスパイラルを招く。海運業界でしばしば指摘される運賃下落のメカニズムが、このときも起きた。

コンテナ運賃市場ではこうした状況が何度も繰り返されており、おなじみの光景ともいえた。リーマン・ショック後にも、東西航路から南北航路までほぼすべての航路で運賃が下落した。この結果、主要航路で満遍なくサービスを提供している船社はどこも収支が悪化した。2009年は世界のコンテナ船社にとって最悪の1年となった。

ただし、後から振り返ってみれば、リーマン・ショック時はかなり過剰な反応ではなかったか、と反省する声が少なくない。この期間、2割以上貨物が減るなど深刻な状況に陥った時期もあったが、航路によっては回復も早かった。2010年には荷動きの急回復に合わせて需給が逼迫し、運賃水準は急上昇した。

２００９年には大赤字に低迷していたコンテナ船に携わる海運会社も、２０１０年にはふたたび黒字決算となった。日本の海運大手も２００９年度はコンテナ船が大赤字だったものの、２０１０年度には黒字へのV字回復を果たしている。

盟主マースクが仕掛けたチキンレース

ところが、２０１１年にはまたもコンテナ船業界にとって大きな不況が訪れた。

２００９年不況は、リーマン・ショックを契機とした荷動き減退という外部要因が主因だった。そのため、しばらくすると業界全体で危機意識が共有された。一部のコンテナ船の運航を止めて停泊させる係船によって輸送サービスに従事する船舶を削減したり、本船の運航スピードを落とす減速航行によって燃料油コストを削減したりする対策が進められた。

一方、２０１１年の不況は需給を上回る船腹供給量増加による業界の内的要因が大きな理由だった。リーマン・ショック前に発注した大型コンテナ船が続々と竣工したことで供給過多となって市況悪化を招いた。これに加えて、燃料価格高騰によるコスト上昇が大きな打撃となった。

「業界トップのマースクが中堅以下のプレーヤーの淘汰を狙い、競争を仕掛けてきたのではないか？」

業界の一部にこんな見方が存在した。同社にこうした意図が本当にあったかどうかは別にして、2011年には同社が明らかに競争を仕掛けてきたと判断できる要素があった。

デンマーク海運大手のマースクは2011年2月、当時世界最大の1万8000TEU型コンテナ船30隻の建造を発表した。このコンテナ船はトリプルEシリーズと呼ばれており、全長400メートル、幅59メートル、総トン数は約19万トンにのぼる。最大の特徴は43万馬力のエンジンを2基備え、燃費効率が格段に良かったことだ。

どれだけ巨大かといえば、東京タワー（高さ333メートル）を横に倒しても、トリプルEの方がはるかに大きいほどだ。

同社はトリプルEシリーズの前にEクラスという1万5500TEU型を運航してきたが、トリプルEシリーズのコンテナ1本当たりの燃費効率はEクラスと比べ20%も向上していた。またMSCやCMA CGMが運航する1万3000TEU型と比べて燃費が35%も良くなった。

コンテナ1本当たりの燃費効率が改善されれば、それだけコストを抑えられる。つまり、同じルートを競合他社と競っても、運賃値下げの余地が出てくる。

トリプルEが実際にサービスに就航したのは2013年からだったが、マースクは建造を発表した2011年当時もEクラスの1万5500TEU型など大型船をいくつも運航し、他の海運会社に比べて大型化で先行していた。加えてトリプルEの建造を宣言したこ

世界最大級のマースクのコンテナ船「マースク・トリプルEクラス」
（写真提供：日本海事新聞社）

とは、これからも業界トップとして積極的に動いていくという決意表明といえた。

２０１１年当時、欧州航路は相次ぐ大型船竣工もあって運賃市況が低迷していた。その中で同社は、大型船のさらなる導入に加えて、積み地から揚げ地までの総輸送日数を保証する新サービスを欧州航路で導入するなど、矢継ぎ早に新しい施策を打ち出した。シェア維持で一歩も引かない姿勢を見せたのである。さらには強気の価格設定で他社のシェアを奪おうとしたとも言われた。

こうしたマースクの動きに対し、競合他社もこれに対抗するため価格を調整することになる。２０１１年の運賃市況はさながら「チキンレース」のような様相を呈し、2度目の不況に突入する。

船舶は大型化すればするほど、貨物の単位当たり輸送コスト、すなわちコンテナ1個当たりの輸送コストが減少して、コスト競争力が増す。特に燃料油価格が高騰する状況では、燃費の良い大型船ほどコスト削減メリットを得やすくなる。

この当時、邦船3社が運航するコンテナ船の最大船型は８０００－９０００ＴＥＵ型だった。各社ともに1万ＴＥＵ型以上の大型船導入には慎重だったほか、リーマン・ショック後の赤字業績もあって新造船発注には消極的だった。

アジア系など欧州勢以外の海運会社も大型化対応が比較的遅れていたため、「マースクなど欧州系が価格競争を仕掛けてきたら負けてしまう」と危機感は強かった。実際、その意図があったかどうかは別として、市況悪化局面でのマースクの攻勢が業界全体をさらなる不況に追い込む形となったのは事実だった。

「2009年の不況が『リーマン・ショック』であれば、2011年は『マースク・ショック』と言っていいのではないか」

海運業界ではもっぱらこう囁かれていた。

マースクの誤算

急速な市況悪化によって、2011年の世界の主要コンテナ船社はふたたび大幅赤字に沈むことになった。こうした赤字に耐えかねて、マレーシアの海運大手MISCは2011年11月末、コンテナ船事業からの撤退を発表した。

ただ、市況悪化による撤退は、MISCぐらいだった。大手以外の船社は自分たちと関係の近い船社や同じアライアンスにいる船社との間でグループ化を進め、市況が悪化しても大手に対抗できる規模の確保を模索していた。そのなかで日本郵船が加盟していたグランドアライアンスと、商船三井が所属するザ・ニューワールド・アライアンスが合併して2012年に欧州航路でG6アライアンスが誕生した。マースクの試みは結果的に欧州航路での業界再編を促しただけにとどまった。

「(再編と価格競争の意図は)多少ともあったかもしれないが、ここまでの航路環境悪化は

マースク・コンテナ船部門のエイビンド・コリンCEO＝当時
（写真提供：日本海事新聞社）

想定外だったのではないか。ただし、どこも耐え忍んでしまい、みんなが苦しくなっただけだった」

　ある海運関係者は当時、こう述べていた。再編を導く形となったマースクの２０１１年12月期のコンテナ船部門のＥＢＩＴ（利払・税引前利益）は、前年の約26億ドルの黒字から６億２０００万ドルの赤字に転落した。上期（１―６月）までは順調に黒字を積み上げていたものの、下期の赤字額が膨らんで上期を補えなかった。覇者の誤算だったのかもしれない。

　マースクは同年12月19日、コンテナ船部門トップのエイビンド・コリンＣＥＯが２０１２年１月16日付で退任し、後任にはタンカー部門トップのソーレン・スコウが就任する一連の人事を発表した。

コリンはコンテナ船部門トップから退任後、マースクグループが出資するデンマークのダンスケ銀行の会長に就任したものの、1年ほどで同銀行からも退いた。業界ではシェア拡大策失敗を受けての更迭という見方がもっぱらだった。

3社の苦闘と苦悩

頻繁にシンガポールへ

2012年4月から日本郵船の一般貨物輸送本部長に就任した内藤忠顕は、いつものように東京・羽田空港からシンガポールに向かって飛び立った。同地にはコンテナ船事業部門の本部機能が置いてあり、そこを訪問するための出張だった。

「南国シンガポールにいると、季節感がなくなってしまう。とにかく内藤さんが頻繁にシンガポールにやってきたのは覚えている」

当時、シンガポールに駐在して日本郵船のコンテナ船部門に所属していた岩井泰樹はこう振り返る。そのとき岩井は40代前半で課長クラスとして実務をとりまとめており、東京から出張してきた内藤のために資料を用意し、コンテナ船事業を取り巻く状況や対応策について細かく説明した。

内藤が頻繁にシンガポールへ出張したのはコンテナ船部門の責任を負う立場だったこともあるが、日本郵船にとっても同部門が大きな課題だったからにほかならない。

日本郵船は2008年度、コンテナ船の基幹システムの開発失敗に伴うシステム開発費用の損失処理で140億円もの特別損失を計上した。コンテナ船事業部門の赤字は2008年度、2009年度と2期連続だった。2010年度にようやく黒字化したものの、2011年度にふたたび447億円の赤字に逆戻りするなど、悪戦苦闘していた。

コンテナ船部門の赤字をどうにかしないと会社の屋台骨が揺らいでしまう。内藤の危機感は強かった。他部門からは「赤字のお荷物」と言われ、金融機関などからは切り離しや撤退を主張する声がやまなかった。

赤字を計上したのは日本郵船だけではない。商船三井、川崎汽船の各コンテナ船部門も大幅な赤字を計上していた。それは海外のライバル海運会社も同じで、軒並み赤字決算であり、まさに青息吐息の状況だった。

コンテナ船事業はレッドオーシャン

外野から批判の声がやまないコンテナ船事業だったが、こんな見方もあった。

「コンテナ船こそ海運会社の本流であり、祖業である」

邦船3社に共通して、コンテナ事業が歴史ある中核事業であるという意識が強かった。

さらに、世界的に見ても、海運業の中でコンテナ船が一番の成長分野であると見られていた。コンテナ輸送そのものは成熟しつつあったものの、世界で人口が増え続ける限り、産業資材から消費財まであらゆる貨物を輸送するコンテナ輸送のニーズが増え続けるとの見方があり、実際にリーマン・ショック後の影響があった２００９年以外、世界のコンテナ貨物量は右肩上がりだった。

ただし、コンテナ船は危険な市場だった。コンテナ船市場はもともと競争の激しいレッドオーシャンであり、昔から多くの海運会社が赤字を垂れ流し、撤退や廃業に追い込まれていった。いくら祖業のコンテナ船部門とはいえ、海運大手にとってはコンテナ船の赤字は限界に近くなっており、抜本的な解決策を模索する時期に来ていた。

邦船3社はライバル関係にはあったが、自らのコンテナ船事業を取り巻く環境を見る視線は同じだった。２０１１年から15年まで川崎汽船社長を務めた朝倉次郎は、社長時代を振り返ったインタビューでコンテナ船事業からの撤退を考えたことがあったと言及している。[2]

時期は前後するが、他の2社でもコンテナ船事業からの撤退を検討したことはあったようだ。ただ、コンテナ船事業は、単に赤字になればそこだけ切り離せばいいというものではない。ターミナルから港湾運送、トラック、物流などすそ野の広い産業である。3社にとって、コンテナ船事業に関わるグループ会社も多数存在する。おいそれと撤退を言い出せるものではなかった。

頭の痛いコンテナ船部門の実情を把握するため、内藤は「毎月、シンガポールに行ってコンテナ船部門を見てくる」と宣言し、シンガポールに1－2泊して日本に戻るというタフな出張を続けていた。

「実際は年10回程度だったかな。シンガポールに行けたのは。でも行ってよかった。中心で働いている駐在員を見ると、平均年齢も若く、元気でやる気のある人がたくさんいるのがよくわかった」

部門としては赤字だったものの、意欲ある若手がなんとかしようと精力的に新しいことに取り組もうとする姿勢があり、雰囲気も良かった。内藤はそんな印象を受けたという。

日本郵船はシンガポール現地法人内に「Global Liner Division」をつくり、東京本社が担っていたコンテナ船部門の本部機能を2010年6月からシンガポールに移管し、同年9月から本格的に稼働していた。リーマン・ショック後の2009年度、同社はコンテナ船事業（ターミナル含む）で525億円以上の赤字を計上しており、業務を効率化して黒字転換するためのシンガポール移管は、背水の陣ともいえた。

シンガポール移管の初年度である2010年度は、業務効率化を進めた結果、コンテナ船事業は368億円の黒字を達成した。

事業運営も当初想定していた方向で進捗し、コンテナ船事業も安定していくかに見えた。

ところがマースク・ショックが業界の事業環境を一変させた。2011年度は第1四半期から赤字を計上し、11年度のコンテナ船事業は370億円の赤字に終わった。

内藤は経営企画担当役員だった当時、赤字続きのコンテナ船部門をどうするか、企画部門で内密に検討・分析したという。

「検討はしたけれど、（コンテナ船事業）撤退のオプションはなかった。しかし、分社化を含めていくつかの選択肢が検討され、それを実行するとどうなるかという分析もした。でも結論は、どのオプションにしようが『（コンテナ船部門が）儲かる体質にならない限り、根本的な解決にはならない』という結論だった。それはそうだよね」

内藤はこう苦笑した。

検討作業はあくまでも企画部門の中だけであり、シンガポールのコンテナ船部門に対し、この作業のことが公式に伝えられることはなかった。しかし、部門としてのコンテナ船事業は赤字が続いた。

「東京本社から、事業撤退を含めた強いプレッシャーを感じていた」

岩井はこう振り返る。

崖っぷちに追い詰められたコンテナ船部門が背水の陣で臨んだのが、岩井など中堅クラスが中心となってまとめた構造改革のためのプロジェクトだった。個別プロジェクトにＩＢＩＳ（トキ）など鳥の名前を冠したことから、社内では「鳥シリーズ」プロジェクトと呼ばれた。

このプロジェクトの要点は、コンテナ船事業の肝であるコンテナを効率的に運用していくための業務の抜本改革にあった。運営体制にとって必要不可欠なシステム開発にも取り組むことで、事業の構造改革に取り組んでいった。

日本郵船の「タコ部屋」

コンテナ船がタンカーやばら積み船など不定期船と異なるのは、商売道具が船とコンテナに分かれており、コンテナが海を越えて陸上まで運ばれていってしまうために管理が非常に困難になる点である。これはすべての船社が昔から抱える課題である。

気の利いた営業スタッフは目的地の営業スタッフとやりとりしながら、往復航ともに貨物をマッチングさせたりしていた。しかしながら、そういったマッチングの事例はあくまでも個人の経験に基づくものであり、多くは暗黙知にすぎなかった。チームによっては目の前の採算だけを考えて集荷したり、航路環境が変化しても付き合いの古い顧客だからという理由で深く考えないまま運賃を提示したりしていた。

鳥プロジェクトではこうした運用方法を個人に依拠するのではなくしっかりシステム化することをめざし、運営体制を整備した。さらに燃料油節減など複数のプロジェクトを立ち上げることで、コンテナ船事業の効率化を進めていった。

内陸部に向けて貨物列車で運ばれるコンテナ（米ワシントン州タコマ）（写真提供：ONE）

この際、核となったのはクロス・ファンクショナル・チームを作ったことで、全体を俯瞰して指示できる体制を構築するためだった。

コンテナ輸送は営業から航路管理、コンテナ機器の管理、コンテナ船とコンテナの動性管理など多くの機能に分かれているため、その分だけ組織が大きくなって各セクションがタコツボ化する傾向がある。

タコツボ化した機能を打破しようとプロジェクトチームを立ちあげるなど改革の動きはどの組織でもよくみられることだが、それがすべて成功するわけではない。むしろ中途半端に終わってしまうことの方が多かった。日本郵船がコンテナ船部門の改革に成功したのは、組織の中の若手が積極的に動いたこともあるが、全体を俯瞰できる

「タコ部屋」を作れたことも大きかった。

タコ部屋とは、霞が関の各省庁の官僚たちが法案を作成する度に設置され、一定期間、集中的に作業する法案準備室のことだ。もともとは過酷な労働に従事する労働者の人足部屋が語源で否定的な意味合いが強いが、優秀な若手を集めてチームを編成し、ひとつのプロジェクトを実現するための機能という意味で同社では使われていた。

鳥プロジェクトでは、それぞれ「ＩＢＩＳ（トキ）タコ部屋」や「ＥＡＧＬＥ（ワシ）タコ部屋」が作られ、それが全体にとっての司令塔となって全体最適を追求することで改革を成功に導くこととなった。

タコ部屋を作るきっかけになったのは、内藤から岩井へのアドバイスだった。

「タコ部屋みたいなものを作ってやったらいいよ」

毎月、シンガポールに出張していた内藤は岩井にこう薦めたという。

「コンテナ船部門は機能別の分業体制になっている分、どうしても各チームがタコツボ化してしまう。全体を見る責任者はいるものの、個人では限界がある。だからタコ部屋を薦めてみた」

内藤はこう振り返る。

内藤がタコ部屋にこだわったのは、自動車船部門の経験があったからだった。

「自動車船は顧客の要望が厳しいので、担当者がその瞬間瞬間で正しい判断を下さなければばならず、それは若手も例外ではない。一方で果敢に決断するには情報共有して全体が見えないといけない。そのためにタコ部屋は非常に有効に機能した。自動車船部門独特の雰囲気だったけど、これをコンテナ船にも移植したかったので、岩井君を焚きつけたんだ。タコ部屋はいいよ、と」

岩井はまだ課長クラスに過ぎなかったが、コンテナ船部門の若手中堅を束ねるリーダー的な存在であり、下からだけでなく幹部からも一目置かれる存在だった。内藤は、岩井に発破をかけることで改革の加速を狙っていたのかもしれない。

その後、日本郵船コンテナ船部門ではこのタコ部屋がすっかり定着した。タコ部屋で生み出された知恵や工夫などは単なる担当者の暗黙知にとどまらず、しっかりと形式知に転換して蓄積していく。その後、ＯＮＥの発足でもタコ部屋は威力を発揮し、しっかり受け継がれることになる。

商船三井の人材国際化戦略

商船三井は２０１２年８月、コンテナ船部門を東京本社から香港に移管した。日本郵船のシンガポール移管から2年後とはいえ、すでに東京本社にあるコンテナ船部門の大半は香港に移してあり、最後のピースを動かしたようなものだった。香港法人であるMOL Asiaの中にMOL Linerを作り、そこがコンテナ船部門の本部機能をもって運営を担っていた。

「もともと（コンテナ輸送では）マーケティングは日本ではなく、市場に一番近いところに置くという考えがあった。いわゆる〝脱東京〟という感覚でやってきており、最後の一手が定航部の香港移管だった」

当時、定航部担当役員であり、のちに3社統合時の社長になる池田潤一郎はこう振り返る。

「（香港移管は）コンテナ船部門の意識改革である一方、（商船三井）社内に向けたメッセージでもあった。とにかくあらゆる手を打っているという、決意表明でした」

2000年代、海運バブルのときの商船三井は絶好調だった。爆食中国による資源ブームで不定期専用船に強い同社は利益額で業界トップに躍進した。1999年にナビックスラインと合併した効果もあって順風満帆だった。コンテナ船部門だけを見ても、市況が好調だった南米東岸航路に伝統的に強かったこともあり、日本郵船や川崎汽船を上回る数字を計上していた。

ただし、コンテナ船部門は利益額で不定期船部門と比べて見劣りしていたこと、2000年代以前に赤字続きだったこともあり、社内的にコンテナ船部門の肩身は狭かった。

その構図はリーマン・ショックをきっかけにした収支悪化により、さらに苦しくなっていく。不定期船部門の低迷もさることながら、コンテナ船部門の赤字が膨らんだことで、全社的な影響が懸念されたからだ。さらに同社にとって強みだった南米航路が市況急落に

香港のコンテナ・ターミナル　（写真提供：日本海事新聞社）

より、コンテナ船部門の足を引っ張る形になった。

社内におけるコンテナ船部門への風当たりの強さは3社共通だが、とくに商船三井が厳しかったかもしれない。

「コンテナ部門の人間は、（本社の）廊下の真ん中を歩くな、と言われている」

こんな話が社外まで漏れ伝わってきたほどだ。

こうした厳しい中での香港シフトだったが、雰囲気は悪くはなかった。

「業績は良くなかったけど、若手や中堅など頑張ろうという意欲もあった。改革の手応えはあったし、少なくとも東京本社時代よりは良くなっていると いう感覚はあった。だからこそ、成果

（業績）がなかなか上向かないのには悔しさもあった」

池田はこう語る。収益悪化に苦しめられた同社のコンテナ船部門だが、人材の国際化という意味では先頭を走っていた。

日本船舶（日本籍船）の行政保護や管理を定めた船舶法が1999年、一部改正された。1899（明治32）年に制定された船舶法では、日本船舶の条件の一つに「取締役の全員が日本人の会社が保有する船舶」となっていたが、「取締役の3分の2を日本人とする」という内容に改められた。

改正議論のきっかけは1998年、商船三井が米海運会社トップを務めたジョージ・ハヤシを取締役に迎えようとしたことだった。異例の大物スカウトだったが船舶法の国籍条項が障害となり、社長の生田正治（当時）や日本船主協会などが「時代にそぐわない」と主張して運輸省（現国土交通省）に働きかけたことで改正につながった。

商船三井はその後、2000年代以降に同業他社の幹部クラスを起用するなど、日本企業が課題としていた人材の国際化という点で成果を挙げていた。その中心は主としてコンテナ船部門だった。

その後、商船三井のコンテナ部門では日本人以外の人材層が厚くなり、内部登用できる体制が次第に整いつつあった。コンテナ船部門の本社機能を2012年に移管したが、過去10年にわたって段階的な機能移管を進めるなど海外シフトでは10年以上の蓄積があった。

香港へのコンテナ船部門移管のタイミングでは、外部からのスカウトではなく香港などローカルスタッフの育成で進捗がみられた。

川崎汽船の東京・シンガポール2元体制

海運大手3社の中で、売上高に占めるコンテナ船部門の割合が最も高かったのは川崎汽船だった。2012年時点での3社売上高に占めるコンテナ船部門の割合は、川崎汽船が41%、日本郵船23%、商船三井40%。商船三井のコンテナ船事業には物流なども含まれているため、実際の比率はもう少し低いと推定されている。

その川崎汽船のコンテナ船事業の運営体制は他の2社と異なり、本部機能は東京本社内に残す一方、部門機能の大半をシンガポールにある現地法人KLPL内に置き、東京・シンガポール2元体制というユニークな組織としていた。

日本郵船や商船三井と比べ、事業に占めるコンテナ船事業の割合が大きいことも、東京本社に機能を残した理由にあげられる。とはいえ、コンテナ船事業におけるシンガポールの存在は大きいものがあった。

シンガポールにはコンテナ船事業に関するマーケティングから本船の運航、コンテナ貨物のプライシング（値決め）などの機能を持たせ、東京では航路運営の基本方針など戦略策定をするという役割にした。担当役員やグループ長は東京本社に席はあるが、頻繁にシンガポールに出張していた。特にグループ長クラスはほぼ毎月、シンガポールに旅立っていた。この点から言えば、日本郵船や商船三井と同様、実質的には海外に本部機能を置いてコンテナ船事業を運営していくという姿勢に変わりはなかった。

運営面では東京・シンガポールの2元体制で回していく一方、事業方針では徹底した経営資源の集中と選択を貫いた。強みのある北米航路やアジア域内など特定航路への経営資源を集中した。そして船隊規模も効率化を推進し、競争力の劣る小型船を減らしてより大型船中心の体制を地道に進めていた。

コンテナ船事業統合を決めた2016年時点では、規模は66隻38万TEUと3社のなかで最も小さかったが、船腹量のうちの半分を8000TEU型以上の大型船が占めるなどコスト競争力という観点では決して見劣りはしなかった。

「とにかく営業資産は、ギリギリかつかつまで使わないと」

川崎汽船のコンテナ船担当役員を務め、後に3社統合時の社長となる村上英三の当時の口癖がこれだった。

コンテナ船やコンテナ機器など、あらゆるものをとにかく効率よく運用していくことで無駄をなくし、収益を上げていく。日本郵船のような組織的なプロジェクト推進や、商船三井のような人材スカウトなど派手さはないが、地道な取り組みを続けていた。

川崎汽船のコンテナ船事業2元体制を支えるシンガポール拠点は、KLPLが担っていた。

「日本だけで商売していたら、いつまでたっても（海運業界の）三男坊。ならば三男坊らしく、しがらみのない海外で暴れることで、三男坊を脱却する」

こんな川崎汽船首脳の思いからＫＬＰＬは２００１年に設立され、２００２年から営業活動を開始した。単なる現地法人ではなく、シンガポール政府が進めた海運振興策である優遇スキームを活用した形で発足したため、現地法人としての独立性が高いユニークな立ち位置にある。

１００％子会社ではあるが独立した海運会社として自ら船を所有・運航し、日本を介在しない3国間輸送を手掛けているのは、当時としては非常に珍しかった。タンカーやばら積み船などの不定期船部門のビジネスを手がける一方、会社内にK-Line Container Asia Divisionを置いてコンテナ船部門本部機能の一翼を担っていった。

川崎汽船の２０１５年3月期のコンテナ船部門業績は、経常損益で２０６億円の黒字を計上した。日本郵船の経常利益98億円、商船三井の経常赤字２４１億円を大きく上回る結果を残していた。

しかし、２０１６年3月期になると3社揃って再び赤字に転落した。この頃になると、企業単独の創意工夫ではいかんともし難い「規模の壁」に直面した。

効率化も規模の壁

1980年代以降の苦境

日本船社のコンテナ船事業は、黎明期からしばらくした1970年代に黄金時代を迎えた。その後、邦船3社はアライアンス[3]結成の旗振り役など存在感を発揮して奮闘していたものの、厳しい事業環境に次第に追い詰められていった。

海運企業にとってコンテナ化は船舶からコンテナ機器、ターミナルなど投資負担が膨大な事業である。そのため単独では一定規模のサービスを提供することが難しく、複数船社がコンソーシアムを形成してスペーススチャーター・サービスを行っていた。コンテナ黎明期から1980年代前半まではこうしたスペーススチャーター方式が主流であり、北米航路では日本船社が連携し、欧州航路では日英独などが連携することで安定した経営を続けることができた。

80年代に入ると1984米国海事法[4]の施行と1985年のプラザ合意による円高のダブルパンチで採算が一気に悪化し、厳しい冬の時代に突入した。1990年代に入ると経済のグローバル化に合わせてこうした提携を特定の航路にとどめず、複数の航路で行う提携方式が出現した。これがいわゆるアライアンスである。

結成を先導したのは日本船社だった。これはもともと投資に踏み切りにくい日本船社にとって起死回生の一手だった。アライアンス結成を主導したことでうまく生き残りを図ることができた。

２０００年代前半からリーマン・ショックまでの海運の好況は、資源エネルギーブームによって支えられた不定期専用船事業の貢献が大きかった。日本の海運大手が１９８０～90年代から作りあげていった専用船ビジネスがしっかり花開いた形である。

この時期、コンテナ船輸送も中国経済の高度成長と米国の好況によって大きく成長した。日本船社のコンテナ輸送事業も、不定期専用船事業ほどではないものの、黒字を計上しており、90年代までの苦境を乗り切って一息つくことができた。

ただし、２０００年代の日本の海運大手は総合海運として、コンテナ船にとどまらず不定期専用船や物流など事業のポートフォリオを拡充していた。そのため、コンテナ船事業への投資はコンテナ船事業に専念する他国企業と比べて十分とは言えなかった。

ただ、当時の船社経営の立場から考えると、コンテナ船への投資は十分なものだったのかもしれない。しかし、コンテナ船の専業会社がもの凄い勢いで船隊規模を拡充しているなかでは、結果として劣後する要因となり、じわじわシェアを低下させていった。

１９８０年代からこの頃までには、各国の規制緩和によってどの国・地域でも配船サービスが自由に行えるようになったほか、各航路において船社間で運賃を取り決めて拘束する海運同盟[5]も事実上無力化していた。21世紀に入っても一部では同盟が残っていたものの、もはや有名無実の存在となっていた。１９８０年代以降、同盟の縛りはそれほど強くなかったが、それが完全に形骸化して完全な自由競争になったことで、船社間の競争が加速した。

競争環境が厳しくなるなか、コンテナ船社はそれぞれ競争力強化に注力し、他船社が優れた取り組みをするとすぐに見習って自社に取り入れた。これは日本船社も同じだった。為替の影響を回避すべく諸コストのドル化を推進したほか、外航日本人船員を１９８０年代後半の緊急雇用対策をきっかけに大幅削減し、フィリピン人に代表される外国人船員中心の体制に変更した。船の発注にしても、コンテナ船では中国や韓国といったコストの低い造船所への発注を進めていった。

ハード面の対応だけではなく、運用面でも大きく改編は進んだ。代表的な例はコンテナ船事業の本部機能を海外移管したことである。日本郵船はシンガポール、商船三井は香港にそれぞれ本部所在地を移し、担当役員も同地に常駐することになった。

川崎汽船は東京本社にコンテナ船事業本部を残したが、実質的な業務機能はほぼシンガポールで運営されており、他の２社と基本的には同じといってよかった。

欧州系海運会社のシェア拡大

各社必死の生き残り策にもかかわらず、コンテナ船事業における彼我の差は埋めようもなかった。

コンテナ船社の規模は船腹量、つまり船隊規模に応じて測定される。タンカーやばら積み貨物船であれば、船の総トン数や隻数が物差しとなる。ところが、コンテナ船だけは船の積載量であるTEU換算で算出される。

2000年1月の世界のコンテナ船ランキングは、1位マースク、2位エバーグリーン、3位P&Oネドロイドだった。それが2006年1月では、1位マースクは変わらなかったが、2位MSC、3位CMA CGMと顔触れが変化した。日本勢は、2006年1月で日本郵船10位、商船三井11位、川崎汽船14位。

2016年8月末で、上位3社のマースク、MSC、CMA CGMの順に変化はなかったが、商船三井12位、日本郵船13位、川崎汽船15位と日本勢は順位を落としていた。

そうは言っても、総合海運という経営の制約がある中で日本船社は健闘していた。2006年の日本の3社のシェアがそれぞれ2~3%であったのに対して、大型化が進展した10年後の2016年でも各社は2~3%のシェアを維持していた。コンテナ輸送市場の中で落伍せず、なんとか生き残っていた。

その後も、マースクやMSCなど世界の巨大海運会社はさらに成長していく。2000

年時点でマースクのシェアは12％。2桁のシェアはマースクだけで、5％超もエバーグリーン1社だった。他の10社以上が2～4％のシェアで鎬を削っていた。

マースク一強の状況は2016年には一変する。シェアを見ると、マースク15％、MSC14％、CMA CGM11％と上位3社による寡占化が進んだ。上位3社の規模が急拡大し、上位とそれ以外の差は開いていくばかりだった。もはや複数社が集まって対抗しない限り、マースクやMSCと勝負にならなかった。

コンテナ船の大型化と業務効率化

マースクが1万8000TEU型を投入

船舶は大型化すればするほど輸送貨物の単位当たりコストが減少するため、競争力は増していく。特に燃料油価格が高騰する状況下では、大型船ほどコストを吸収しやすい。2011年時点で、コンテナ船大型化の先頭を走っていたのはマースクだった。それをMSCやCMA CGMなど欧州系が猛烈な勢いで追いかけ、1万4000TEU型を相次いで投入していた。

日本勢を含めたアジア系は大型化への出遅れが明らかで、「欧州系が価格競争を仕掛けてきたら負けてしまう」と焦燥感を募らせていた。実際、2011年のマースク・ショックでは、市況悪化局面でのマースクの攻勢によって業界全体が不況に落ち込んでしまった。
マースクのコンテナ船部門のトップ交代後、コンテナ船業界の状況が少しずつ変わっていく。２００９年や２０１１年には、市況が悪化すればどの会社も赤字に転落し、赤字額は規模に比例した。コンテナ１本につき１ドル儲かれば、規模の大きな船社ほど黒字額が膨らみ、１ドルの損なら大手ほど赤字額が膨らむ。

規模のメリットによって船などの調達コストでは差が出るものの、事業運営面は大手から中堅以下まで似たりよったりだった。だから、規模の差はあれ、市況の変動への耐性という点では大手も中堅も大差がなかった。

それが次第に規模に関係なく、船社によって優勝劣敗がはっきりと目につくようになる。大型船の有無など規模に基づいた優劣に加え、運営体制を一新する業務改革が大きなポイントになった。

大型船のメリットは、ＴＥＵ当たりのコストが低減されることだ。このため、大型船を数多く運航している船社ほど有利となる。コンテナ船運航コストは、船費（船員費を含む船舶管理費と船舶購入費や減価償却費などの資本費）と運航費に大別される。運航費に占める割合は貨物費が約半分、その次に燃料費が10～20％、次いでコンテナ費用だ。燃料費は燃料油価格の変動によって大きく上下する。

２０１１年度のトン当たり燃料油価格は平均６６６ドルだった。[6] 前年の４８３ドルより

100ドル以上も値上がりした。船が大型であるほど輸送貨物の単位当たりコストは減少するため、メガコンテナ船ほど価格競争力が増す。

当時は燃料油価格高騰によって運航費に占める燃料費の割合も上昇していた。したがって、大型船であればあるほどスケールメリットを享受できる環境にもなっていた。リーマン・ショック前後から欧州系船社を中心にコンテナ船の大型化を推し進めたため、コンテナ当たりのコストで船社間に大きな差がついた。

最初は3000TEU型から5000TEU型、6000TEU型へ、次に8000TEU型へと徐々に大きなサイズへ移行していった。リーマン・ショック前後から1万TEU型超が続々と登場する。マースクによる1万8000TEU型が整備される頃には、大型化のペースも急速になっていった。

それまでエンジン性能や基本設計などの工夫によって、船型が小さくても大型船並みのコスト削減を追求してきた準大手や中堅クラスの会社は、コスト競争力で大型船には太刀打ちできないことを悟る。

当然、大型船は初期投資が膨れ上がる。マースクが他社に先駆けて発注した1万8000TEU型コンテナ船の船価は1隻当たり約1億9000万ドル。コンテナ船は定曜日サービスを提供するため、毎週必ず港に船が寄港するから、航路ごとに一定数のコンテナ船が必要となる。

1万8000TEU型が欧州航路で使用されるためには、少なくとも1サービスで9～12隻は必要となる。船が増えた分だけ、コンテナ機器も必要となる。一つのサービスを構築するだけで投資額は2000億円以上となった。

大型化の効果は誰もが認めるが、巨額投資が可能な会社は限られる。特に邦船3社のコンテナ船部門は、数多くある部門の一つに過ぎない。近年は赤字に悩まされ、大型化投資案件を社内で通すのは至難の業だった。

加えて、海運大手はLNGや海洋事業などコンテナ並み、もしくはそれ以上に投資額が大きい他事業への進出を進めていた。日本の総合家電大手と同様、総合海運会社の限界が見えていた。

COLUMN

What is TEU?

コンテナ輸送では、TEU（Twenty-Feet Equivalent Unit）という単位が使われている。貨物量や船腹量が20フィートコンテナ何個分に相当するかを示す。日本語では、「20フィートコンテナ換算」や「個」と訳される。

この単位はコンテナ船の船腹量を比較するため、20フィートコンテナ何個分を輸送できるかという観点から、英国の海運ジャーナリスト、リチャード・ギブニー（Richard F. Gibney）[7]が考案した。

彼の提案を受け、1972年頃からこの単位が海運専門紙で使われるようになった。現在、船腹量だけでなく、貨物輸送量や港湾での取扱量を測る指標としても用いられている。

TEUには単位として曖昧な部分がある。コンテナ船の船腹量が2万4000TEUであることは、2万4000個分のコンテナ（40フィートコンテナ1万2000個分）を置くことができる、という意味に過ぎず、貨物を詰めた20フィートコンテナ2万4000個を運べるわけではない。

古紙や穀物、木材、金属塊など容積当たり重量が重い貨物をコンテナで運ぶ場合、貨物の入ったコンテナがかなり重くなる[8]。このようなコンテナが多いと、船に積むコンテナの数が船腹量に達しない場合でも、この船で運べる重量制限に引っ掛かってしまう（重量満船と呼ばれる）。

因《ちな》みに、TEUと類似の単位として40フィートコンテナ1個分を意味するFEU（Forty-Feet Equivalent Unit, 一部船社はFFEと略す）がある。簡便化のために1FEU＝2TEUと換算されることが多いが、積載可能重量の問題もあり、40フィートコンテナで20フィートコンテナの2倍の量の貨物が運べるわけではない。

欧州系になびく日本荷主

コンテナ輸送業界では、規模の差だけではなく、ネットワークの広さも競争を左右する要因となってきた。日本の海運大手やアジア系船社は北米航路やアジア域内に強みを持っていたが、中近東やアフリカ、南米などは未開拓の部分が多かった。2000年以降、コンテナ船社のグローバル化が一気に進むなか、日本の海運大手も積極的に新興地域への事業展開を進めた。

商船三井は、戦前からの伝統を受け継ぎ南米航路で強みを持っていた。2000年代に商船三井のコンテナ船部門の利益額が他の2社を100億円上回ったことがあったが、これは同社が得意とした南米東岸航路が支えていた。しかし、この南米東岸航路はリーマン・ショック以降、BRICsの一員であるブラジル経済の苦戦もあり、市況低迷に苦しんだ。

南米・アフリカは、植民地時代の名残もあって伝統的に欧州系船社が強い。日本企業は事業のグローバル化に伴い、アジア系や欧州系など幅広いサービスを提供できる海運会社を選ぶようになった。

「確かに邦船はアジア域内や北米航路は強いものの、それ以外は見劣りする。海外船社の営業は良くも悪くも合理的に行動するので付き合いが難しいが、彼らの豊富なネットワークは日系やアジア系船社にないから、どうしても利用せざるを得ない」

日本企業関係者らはこう語る。

大手企業は、輸送ルートごとに入札を実施して起用する船社を決める。日本–北米や日本–タイなどの主要ルートでは、船社が殺到して荷主企業が意図した輸送コストの低減が実現する。

しかし、欧州–中近東、欧州–南米などルートによってはサービスを提供している海運会社はかなり限られる。そうしたルートのサービス提供は、欧州系海運会社が強みを持っていた。日本企業の海外事業が世界中に広がるなか、多様なネットワークを持つ欧州系海運会社を使う機会が増えていった。

ハード・ソフト両面からの攻勢

リーマン・ショック以降、とりわけ２０１２年以降はマースクなど世界のトップ企業が効率運営などソフト面の対応を進めていた。マースクはエイビンド・コリンがコンテナ船部門トップだった時代は、基本的にアセットの大きさによる経済性を追求して競合他社を凌駕するという事業方針だった。２０１１年に勝負をかけて価格競争に突入したのも、その一環だ。

ところが、ソーレン・スコウが後を継いで以降、事業の効率化を大胆に進め、ＭＳＣ、ＣＭＡ ＣＧＭの欧州系２社と提携するなど、事業方針を大きく転換していく。

ＡＩ（人工知能）など最新のテクノロジーを導入してコンテナ機器管理に活用し、業界の先頭に立った。事業効率化では、海上気象をチェックして、どのルートを通ったら燃費を効率良く使って予定通りに目的地に到着できるかといった問題の解決に取り組んだ。日本勢も同様の試みを進めていたが、規模の大きなマースクによる施策の効果は絶大だった。

マースクの改革は、広範な分野に及んだ。２０１５年から電話予約による新規ブッキングを対象に追加料金を導入した。その後、電子メールやファックス経由のブッキングについても追加料金の徴収を開始した。

貨物のブッキングは、マースクのオンラインサイトや外部オンラインサイト経由で処理されるようになった。顧客からの問い合わせなども国外のカスタマーサービスセンター経由で対応している。こうした動きは２０００年代から存在したが、リーマン・ショック以降、より加速した。

「船の大型化を進めたコリンも事業の効率化を進めた後任のスコウも、現場から見れば、その基本方針は変わらなかった。戦術・手法が異なるだけだ」

マースクの関係者はこう解説してくれた。

競合他社を打ち破って圧倒的なパワーを摑む、というマースクの目的はトップが交代しても不変だった。ハード一辺倒の直線的な攻め方だったものが、ハード・ソフト両面からの攻勢に変わっただけだった。

こうしたマースクの攻勢に他の海運会社は厳しい状況に追い込まれていく。日本郵船が取り組んだ鳥プロジェクトなど、効率化では日本の海運会社も決して遅れをとっているわけではなかったが、規模の差によるハンディを挽回することは難しかった。

COLUMN

コンテナ輸送システムの誕生

「コンテナ革命の父」とも言われるアメリカの起業家、マルコム・マクリーン（1913―2001）が創業したシーランド社が所有するアイデアルX号が世界で初めてコンテナ輸送に用いられたのは、1956年のことだ。[9]

それまでコンテナは各国市場に合わせた互換性のない形で、米国と豪州の国内輸送にのみ使用されていた。世界でのコンテナの本格的普及には、海上輸送コンテナの国際規格が

1967年に承認されるまで、6年の議論と交渉を待たなければならなかった。[10]

国際規格の承認と前後して本格的な国際海上コンテナ輸送サービスが開始されたのは、1966年のことだ。まず、英国の5社がAssociated Container Transportation(ACT)というコンソーシアムを結成し、英国と豪州間でコンテナ輸送サービスを開始した。

同年、米国のMoore McCormackも米国と欧州の間を結ぶ大西洋航路にセミコンテナ船の運航を始めた(1970年に撤退)。その他、大西洋航路でUSLや、シーランドによってコンテナ輸送サービスが提供された。[11]

現在のコンテナ貨物の輸送量は約1・6億TEU。空コンテナや積み下ろし、積み替えを含めたコンテナ港湾の稼働量を示すコンテナ取扱量は約8億TEUに達する。1960年代後半以降、リーマン・ショック直後やコロナ禍が始まった直後を除き、コンテナ貨物の輸送量や港湾での取扱量は増加の一途を辿っている。

横浜港南本牧コンテナ・ターミナル　（写真提供：日本海事新聞社）

第 2 章

業界大再編と淘汰の嵐

欧州勢の攻勢

上位3社連合「P3ネットワーク」の衝撃

業界の盟主・マースクは業務標準化などソフト面での攻勢を続けたものの、こうした動きは外部からは見えにくく、徐々に漏れ伝わってきたに過ぎない。しかし、ソーレン・スコウCEOが絡んだ次の一手は、業界の勢力地図を大きく揺り動かすもので、周囲をあっと言わせた。

2013年6月18日、マースク、MSC（スイス）、CMA CGM（フランス）の業界上位3社が船社連合体「P3ネットワーク」を結成し、2014年から始動すると発表した。

この発表は海運業界にとって大きな驚きだった。一つは3社がコンテナ船事業の上位3社であり、欧州航路では船腹量シェアが合計で5割を超えるほどの大きな存在だったからだ。寡占化の凄まじさに、業界は騒然となった。

もう一つの驚きは、単独指向の強い船社同士での連合だったことだ。特に1993年からコンテナ船事業でシェア・トップを維持してきたマースクが単独運航の旗を下ろしたことで、同社が事業戦略を大きく変えたと、業界では受け止められた。

2012年、エイビンド・コリンの後任としてマースクのコンテナ船部門トップになったソーレン・スコウCEO （写真提供：日本海事新聞社）

コンテナ船上位3社による連合体はあくまで船舶運航が対象であり、集荷や運賃は各社が決めることになっていた。それでも、各国競争当局の認可を得る必要があった。

3社で250隻以上の船舶を投入し、アジア－欧州、アジア－北米の各航路でサービスネットワークを張り巡らせていく計画で、ずば抜けた規模であり、競合他社にとっては途轍もない脅威と言えた。3社は各国当局にP3ネットワークの設立を申請し、2014年サービス開始に向けて準備を進めていた。

当時、世界規模で幅広くネットワークを張り巡らし、基幹航路と呼ばれる国際貿易の大動脈のアジアと北米、欧州を結ぶ定期航路でサービスを提供している会社は、この時点で20社ほどあった。それぞれが群雄割拠して、淘汰や合併を繰り返してきたが、まだプレーヤーの数が多過ぎた。

主要20社の行動パターンはさまざまだった。巨大化した単独運航会社と「アライアンス」による複数グループ、どこにも属さないニッチな海運会社が存在した。マースクやMSCなどは単独で拡大を続け、巨大化することで隈なく全世界にネットワークを張り巡らせていった。

巨大海運会社に対抗し、同規模の海運会社が複数集まってグループを形成したのがアライアンスだ。アライアンスが登場したのは1990年代で、結成を主導したのは日本の海運大手だった。投資余力が限られるなか、規模が同じぐらいで、ホームカントリーが被らないことが理想だった。

ところが、マースク、MSC、CMA CGMによる上位3社がグループ化に動き出したことで、もはや単独で生き残れる会社はないことが明らかになった。

P3ネットワーク結成発表で、それ以外の船社グループも連携強化を打ち出した。日本郵船や商船三井など6社によるG6アライアンスでは、14年春から共同でサービスを提供する航路範囲を拡大した。川崎汽船が加わるCKYHグループでは、新たに欧州航路を対象として14年春から台湾のエバーグリーンをメンバーに迎えてCKYHEとしてネットワークを拡充した。

G6アライアンスやCKYHEというグループの行動は、いずれもP3ネットワークの発足に触発された動きといえた。これで世界のコンテナ船業界は3大アライアンスにほぼ集約され、上位3社連合P3ネットワークの船腹量シェアは約4割に達した。G6とCKYHEのシェアは単純合算で各10％前後で、2グループを合わせてもP3には届かない。

航路ごとに強弱もあるため単純比較はできないが、P3が業界秩序を構築するうえで主導権を握ることになるのは明らかだった。マースクを中心とした新しい業界秩序が出来上がろうとしていた。

COLUMN

コンテナ化以前の荷役とコンテナ化のメリット

コンテナ輸送が始まるまでは、消費財などの商品を運ぶために船内にクレーンを備えた一般貨物船[12]が使用されてきた。船への貨物積み込みや船内での貨物整理（船内荷役）には、

東京・芝浦埠頭での一般貨物船荷役風景　（写真提供：一般社団法人東京都港湾振興協会）

多くの人力が使われた。貨物の積み下ろしは作業時間が長いことに加え、雨天時には作業を中止しなければならず、さらなる停泊時間の長期化の原因となっていた。

　コンテナ輸送システムは、この状況を大きく変えた。コンテナ輸送では、コンテナを港の中にあるコンテナヤードに保管し、岸壁でコンテナ船への積み下ろしを行う。統一規格の箱に貨物を詰め込むことで、岸壁に設置したクレーン（ガントリークレーン）[13]を使ってコンテナを船から直接積み下ろしできる。これによって人員削減と停泊時間の短縮を実現した。

　コンテナ化によって輸送時間も短くなった。荷役時間が短縮したことに加え、コンテナ輸送システムによって箱を乗せ換えるだけで中身を開いたり積み直したりせず、船や鉄道、トラックなど複数の輸送手段を用いるインターモーダル（複合一貫）輸送が可能になったためである。

さらに、コンテナを開封せずに済むようになったことは、輸送コスト削減に加え、荷物の盗難を減らして安全性や信頼性を向上させる効果があった。盗難減少によって貿易保険の掛け金が下がり、さらなる輸送コスト削減に貢献した。[14]

コンテナ化による輸送効率の向上や荷役費用の削減によって、海上輸送コストが大幅に下がり、貿易費用も下がった。従来は輸送費用が高く輸出入できなかった低価格品目を世界中に行き渡らせ、国際貿易を劇的に促進した。[15]

例えば、アジア域内において部品や仕掛品を別の地域に輸送して工程を進める工程間分業や、軽工業品をアジア地域で作り、欧米や日本のショッピングセンターで消費する貿易パターンの確立は、コンテナ輸送なしには難しかった。

中国、拒否権発動

業界を震撼させたＰ３ネットワーク構想は、思わぬところから水を差されることになる。

Ｐ３構想は米欧の独禁当局からすでに承認を得て、最後の関門である中国の承認待ちだった。業界が注視するなか、中国商務部は２０１４年6月17日付で、マースクなど3社が申請していたＰ３結成に対し、「競争を阻害する可能性がある」として許可しないと発表した。

この中国の申請却下によって、３社はＰ３結成断念に追い込まれる。急成長する中国市場を抜きにコンテナ船ビジネスは成り立たないから、断念の判断はやむを得ないものだった。

「Ｐ３発足で中国遠洋海運集団（ＣＯＳＣＯ）など自国の海運会社が競争上、不利になることを恐れて阻止に動いた」

Ｐ３ネットワークに対する不承認について、欧米系メディアはこう批判した。

しかし、冷静に独禁法の観点から振り返ると、中国商務部が公式発表の中で指摘したように、Ｐ３結成後の欧州航路の船腹量シェアは46・7％に達する。こんな大きなシェアとなるアライアンスの結成など、到底認められるものではない。

日頃、シェアに厳格な態度を見せる欧州連合（ＥＵ）が、圧倒的な市場シェアとなる３社連合を認可したことは不当であり、「欧州船社同士の組み合わせであったため、身贔屓《みびいき》で判断が甘くなったのではないか」との厳しい指摘もあった。

世界単一市場で等しい競争条件というのが外航海運だが、ときたまこうした各国のエゴが見え隠れする。いずれにせよ、Ｐ３発足断念で欧州勢主導の業界再編の流れはいったん

図表2-1　東西航路での4グループの供給船腹量（単位；TEU 2015年）

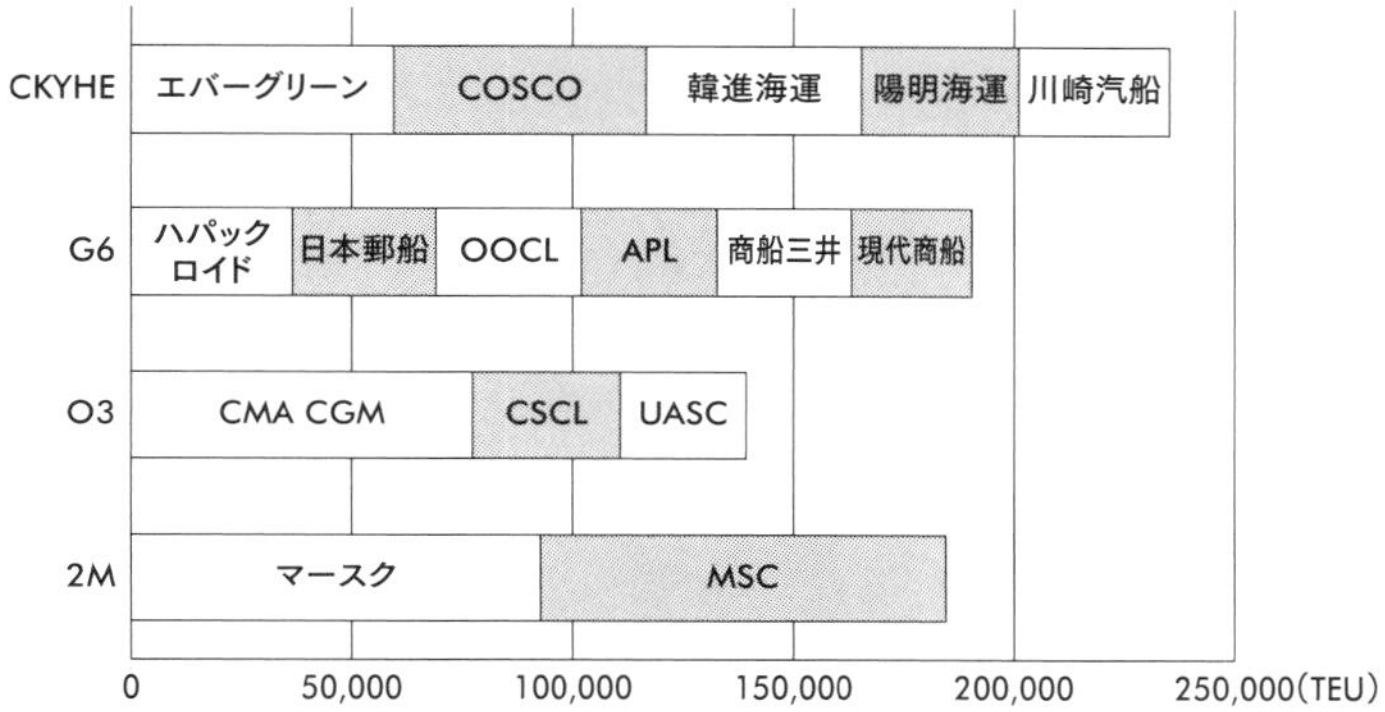

出所：Alphaliner

止まったかにみえた。

ところが、事態は再び動く。中国による拒否権発動から1カ月ほど経過した２０１４年７月、マースクとＭＳＣの上位２社連合が「２Ｍ」の結成を発表した。Ｐ３に比べ規模は小さくなるものの、他のグループとは段違いの大きさだった。

欧州航路のシェア（船腹量）でＰ３の５割弱から３割強まで落ちるものの、逆に当局からの認可ハードルが下がった部分もある。最終的にマースクはＣＭＡ ＣＧＭを切り捨て、ＭＳＣとの「２Ｍ」によって業界再編をリードすることになった。

「マースクによる業界再編への意欲をまざまざと見せつけられた」

当時はこんな声が業界でよく聞かれた。

マースク・ＭＳＣ連合結成で梯子を外された

ＣＭＡ ＣＧＭは、アライアンスに加盟していないＵＡＳＣ（ユナイテッドアラブシッピング、クウェート）とＣＳＣＬ（中海集装箱運輸、中国）に声をかけてグループ化した。2Ｍから取り残された形のＣＭＡ ＣＧＭだったが、結果的にはオーシャンスリー（Ｏ３）という組み合わせを実現できた。

当時、コンテナ船の最大船型は1万8000ＴＥＵ型で、発注しているのはマースクやＭＳＣなどごく一部に限られていた。ＵＡＳＣやＣＳＣＬは1万8000ＴＥＵを整備している数少ない船社であり、保有する船隊を有効に使うためにはこの組み合わせは悪くなかった。

こうして、マースクの戦略が業界全体を揺さぶり、世界中のコンテナ船社が生き残るために必死に合従連衡に走ることになる。

巨大市場を抱える中国の影

世界のコンテナ輸送の中心

Ｐ３ネットワーク結成断念後の世界のコンテナ船業界は、マースクとＭＳＣによる２Ｍ結成、ＣＭＡ ＣＧＭと再編枠外にいた2社とのグループ化によって、既存のアライアンスのＧ６やＣＹＫＨＥなど2グループを含めると、4グループにまとまる方向となった。

躍進する上海洋山コンテナターミナル（上）と寧波港（下）（写真提供：日本海事新聞社）

とはいえ、この4グループ化もあくまでも過渡期の動向に過ぎなかった。マースクを中心とした欧州勢による業界再編に対抗すべく、この頃から中国が積極的に動き出してくる。

中国は1990年代に本格化した市場経済への移行によって、高い経済成長率を続けていた。2001年、世界貿易機関（WTO）への加盟を実現し、2010年には日本を抜いて世界第2位の経済大国に躍り出た。

日本の経済成長や企業の海外進出を海上コンテナ輸送が支えたのと同様、中国が世界の工場になるまでにはコンテナ輸送の存在が大きな役割を果たした。労働集約的な製品を輸出するには、コンテナ輸送の存在が欠かせなかった。

世界のコンテナ海運会社のトップ10圏外だったMSCやCMA CGMが急成長を遂げたのは、いち早く中国市場を重視した営業戦略を取ったことが大きな要因だった。

中国が世界の工場になったことで、世界の海上コンテナ輸送は中国を中心にネットワークが張り巡らされるようになった。アジア─北米航路でも、アジア発に占める中国発の割合が6割を超えるなど、中国中心にコンテナ輸送は進んでいった。

COSCOとチャイナシッピングの合併

コンテナ貨物の市場として中国の存在感は大きかったものの、そこで活躍するのはマースクなど中国以外の海運会社だった。COSCOなど中国系海運会社の存在感は2000

図表2-2　コンテナ港取扱量世界ランキング〈2021年〉

順位	港	国	取扱量	前年比
1 （1）	上海	中国	4,703	8.1
2 （2）	シンガポール	シンガポール	3,747	1.6
3 （3）	寧波-舟山	中国	3,107	8.2
4 （4）	深圳	中国	2,877	8.4
5 （5）	広州	中国	2,418	2.9
6 （6）	青島	中国	2,371	7.7
7 （7）	釜山	韓国	2,271	4.0
8 （8）	天津	中国	2,027	10.4
9 （9）	香港	中国	1,780	−0.9
10 （10）	ロッテルダム	オランダ	1,530	6.6
11 （11）	ドバイ／ジュベルアリ	UAE	1,374	1.9
12 （12）	ポートクラン	マレーシア	1,372	3.6
13 （14）	厦門	中国	1,205	5.6
14 （13）	アントワープ	ベルギー	1,202	−0.1
15 （15）	タンジュンペラパス	マレーシア	1,120	14.3
46 （44）	東京	日本	433	1.6
72 （70）	横浜	日本	286	7.5
73 （71）	神戸	日本	282	6.7
77 （74）	名古屋	日本	273	10.3
82 （79）	大阪	日本	243	3.1

注：単位：万TEU、前年比は伸び率%。順位のカッコ内は前年。UAEはアラブ首長国連邦。Informa調べ（推定値含む）

COSCOの船　（写真提供：日本海事新聞社）

年代初頭まではそれほど大きくなかったが、母国市場の成長に合わせて急成長を遂げていく。

中国の海運会社は当初、COSCO1社だけだったが、改革開放路線以降、近距離間の輸送である近海航路に国有や地方政府が運営する新興海運会社が相次いで参入した。日中航路では、SITCなど中国系が高いシェアを誇っている。

北米航路や欧州航路など世界規模でサービスを提供していた中国系船社としては、COSCO以外にも1990年代末に登場したチャイナシッピングがある。COSCOとチャイナシッピングはいずれも国務院国有資産監督管理委員会の傘下にある中央企業であり、互いに激しい競争関係にあった。

コンテナ船を運航するCSCLなどを傘

下に持つチャイナシッピンググループは、1997年に上海、広州、大連に本拠を置く3つの海運局と関連会社が合併して発足した。交通部（現交通運輸部）系の国有企業という意味ではCOSCOと同じではあるものの、中国経済の成長に合わせて急ピッチの拡大路線をとり、あっという間に中国有数の海運グループとしての地位を築き上げた。

チャイナシッピング発足時からトップを務めた李克麟は、もともとCOSCO上海のトップなどを歴任し、最後はCOSCO副総裁にまで上り詰めた人物だった。現在、世界有数の海運グループとなったCOSCOも、1990年代前半は上海や大連、天津などにそれぞれ地域会社があり、その集合体のような組織だった。

その後、90年代後半に北京に総公司を設立してグループを再編する過程で、上海はコンテナ船、大連はエネルギー、天津にドライバルクなど事業の分掌が決まっていった。いまでもCOSCOグループでコンテナ船事業を手がけるCOSCOシッピングラインズが上海にあるのはそうした事情を反映している。

チャイナシッピンググループもトップだった李のリーダーシップの下、COSCOと同じようにコンテナ船やエネルギー、ドライバルクなど総合海運会社として事業拡大を進め、その成長ぶりは目覚ましいものだった。

李のエネルギーの原動力は、出身母体であり、副総裁で終わったCOSCOへの激しいライバル意識ではなかったか、と当時は囁かれていた。李以外のチャイナシッピングの顔触れをみても、幹部クラスにはＣＯＳＣＯ出身者が多数占めていた。

「チャイナシッピングは、李氏を筆頭にＣＯＳＣＯの不満分子を集めて作った会社と言われていた。『ＣＯＳＣＯに追いつき追い越せ』というエネルギーが強烈にあり、あれだけの急成長につながったのではないか」

中国事情に詳しい日本の海運関係者はこう語る。

「一帯一路」と海運再編

激しい競争を繰り広げてきたＣＯＳＣＯとチャイナシッピングの関係が変わったのは、チャイナシッピングの事実上の創業者であった李が引退した２００６年だった。同年11月、同社の副総裁にＣＯＳＣＯの現役副総裁が横滑りする交流人事が実現し、業界で大きな話題となった。

当時、ＣＯＳＣＯの主催する海運フォーラム「ワールド・シッピング・サミット」に初めてチャイナシッピングが参加し、内航輸送で両社が協力することが発表された。

もっとも、両社の連携がすんなりと進んだわけではない。当時はコンテナ船事業を筆頭に激しい競争を繰り広げており、すぐに関係強化とはいかなかった。

それでもチャイナシッピングの副総裁だった馬沢華が２０１１年にＣＯＳＣＯに復帰、さらに２０１３年には長くＣＯＳＣＯのトップを務めてきた魏家福の後任に馬が就任して、合併に向けたレールが着実に敷かれていった。

この時期、中国政府は国有企業の整理統合を進めていたが、それに加えて外航海運、とりわけコンテナ輸送で中国の存在感を発揮するため、両社の合併は不可欠という判断があったのだろう。

中国商務部の動きを見ても、13年時点で2社の合併を予想することは難しくなかった。欧州勢による業界制覇となるP3ネットワークの結成に商務部が拒否権を発動したのは、ある意味で当然だったのだろう。P3ネットワークを拒否し、中国2社の合併に加えてグループ化も進めた。

こうした動きがあったのは、国家主席の習近平が「一帯一路構想」を打ち出していた時期に当たる。2013年に習がカザフスタンとインドネシアで同構想に言及し、2015年に正式にプランが発表された。

この構想には、インフラの充実や貿易投資の促進によって一帯一路の沿線諸国に当たる国・地域と中国との経済的なつながりを強化することを通じて中国の国際的なプレゼンスを強めようとする意図がある。

同構想では、陸のシルクロードだけでなく、海のシルクロードも重要な要素として位置づけられている。中国沿岸部から南シナ海を経てインド洋、ペルシャ湾、スエズ運河を越えて地中海に至る海上航路をメインに、東アフリカや南太平洋へと向かうルートまでもが視野に入っている。

海のシルクロード構想の中心として、規模の大きな自国のコンテナ船社が求められていた。こうした国策に沿って、コンテナ船業界で地歩を固める中国船社の存在は次第に大きなものになっていった。

とはいえ、中国海運船社の内情を見れば、その経営は安定とは程遠く、当時のCOSCOとCSCLはいずれも大赤字を計上して、当局には悩みの種だった。2社を合併させて経営基盤を強化し、マースクなどに対抗する中国系コンテナ会社を発足させることは、中国政府にとって急務だったのだ。

2M、G6、CKYHE、O《オー》3の4グループに集約されるが……

「フライドポテトが消えた！」

2014年の2Mの結成によって、コンテナ船業界は4グループに再編された。マースクとMSCの2社連合2M、日本郵船や商船三井の日本勢2社が加わっているG6、川崎汽船やCOSCOなど5社連合のCKYHE、マースク・MSCに袖にされたCMA CGMが中心になって結成されたオーシャン・スリー（O3）の3社連合である。

当時、この4グループ体制がしばらく続くと見る向きもあったが、実際にはここまでは業界再編に向けた前哨戦に過ぎなかった。ただ、２０１４年後半から年末にかけて、米西岸港湾の労使交渉で北米航路の物流が大きく混乱していた時期であり、実際の物流への影響という意味ではそちらの方の注目度が高かった。

米国の西海岸29港では、西海岸の労働者組合ＩＬＷＵ（国際港湾倉庫労働組合）と、海運会社とターミナル会社約70社からなる使用者団体ＰＭＡ（太平洋海事協会）が、労働条件などを規定した労働協約を一対一で結んでいる。

契約期間は１９９９年までは３年ごと、02年以降は６年ごとに改定されてきた。既存の契約が期限切れを迎えるタイミングで更改交渉が行われるものの、揉めるのが通例だった。２０１４年の協約更改もその例に漏れず、最後は労使対立が激化して北米西岸港湾の物流が大混乱に陥った。

既存の労働協約は２０１４年７月１日に期限切れを迎えた[16]。その後も労使間では交渉するものの、協議がまとまることなく時間が過ぎていった。秋口以降になると、組合側が揺さぶりをかけて一部港でのスローダウン（怠業戦術）を開始した。それが徐々にエスカレートして、西岸港湾のコンテナ取扱機能が実質的に停止寸前まで追い詰められた。

２０１４年12月頃、日本でマクドナルドのフライドポテトが販売制限や中止を余儀なくされたのも、西岸労使紛争による影響だった。当時、日本向けフライドポテトは大半が冷凍・冷蔵用のリーファーコンテナで米国西岸から運ばれており、港湾機能が停止したことで、船積みができなくなってしまった。そのため、ポテトの材料の一部は飛行機で運ばれた。

自動車産業では日本からの部品輸出が滞り、生産に影響が出るケースも起きた。例えば、ホンダは米国工場で電子部品など主要部品が不足したため、2月16日から生産を縮小した。

この西海岸労使紛争は2015年2月20日に労使間で暫定合意が結ばれ、なんとか決着に向かい、5月26日には新しい労働協約が結ばれ、完全決着した。暫定合意の時点で港湾機能は正常化に向けて動き出したものの、それまでの機能停止に伴う滞船や滞留コンテナの処理もあり、完全な機能回復には数カ月を要した。

シンガポールのNOLが身売り

米国西岸港湾の労使紛争が終わり、2015年夏頃から業界再編の話が本格的に進展した。きっかけは中国系2社の合併と、シンガポールの海運会社NOLの身売り話だった。

これまでも浮かんでは消えた中国国有海運大手2社の合併話ではあったが、トップが大きく変わったことで、一気に動き出した。

「中国の海運会社を見ると、近海航路に特化するSITCは売り上げは少ないものの上位より高い利益率を誇り、国際市場でも十分競争力を発揮できる。香港のOOCLもなんとか市場で勝ち残れそうだ」

「ＣＯＳＣＯグループやチャイナシッピンググループは、売り上げは大きいものの、利益はマイナス。グローバルライナーとしては厳しい。M＆Aなどの対応が必要ではないか」

２０１４年11月、中国の重慶で開催されたＣＯＳＣＯグループ主催の「ワールド・シッピング・サミット」で、ボストン・コンサルティング・グループはこんな厳しい報告をしている。[17]

この時点で両グループの合併は既定路線だった。２０１４年8月までに2グループが合併に向けた検討を開始したことが報じられ、それに関連して両グループの上場子会社の株式売買も一斉に停止された。２０１５年12月、中国国務院はＣＯＳＣＯグループとチャイナシッピンググループの合併を正式に承認した。

一方、ＮＯＬの身売りは大株主であるシンガポール政府系ファンドのテマセク・ホールディングスの意向が大きい。ＮＯＬは１９６８年にシンガポール国営海運会社として発足した。80年代に入って民営化したものの、株式の過半数以上をテマセクが保有するなど、シンガポール政府のコントロール下にあった。同社は１９９８年に米国海運大手ＡＰＬを買収した後、ＡＰＬブランドでコンテナ船サービスを提供していた。

しかし、リーマン・ショック以降、業績が低迷し、赤字体質から抜け出ることができなかった。主力の北米航路のシェアも２０００年のトップ3から、２０１５年には8位にまで後退していた。コンテナ船と並ぶ主力事業の物流事業ＡＰＬロジスティクスを近鉄エクスプレスに売却するなど、事業縮小が続いていた。

テマセクは２０１５年11月、ＣＭＡ ＣＧＭに対してＮＯＬ売却の優先交渉権を与えて交渉を開始、12月７日にＣＭＡ ＣＧＭによるＮＯＬ買収で合意したと発表した。

リーマン・ショック以降のコンテナ運賃市況が、各社にとって耐え切れないレベルまで下がってしまったという現実をこれらの再編劇は反映していた。

欧州連合、中華連合と、残された12社

第3極への思惑

ＣＯＳＣＯとチャイナシッピングの合併、ＣＭＡ ＣＧＭによるＮＯＬ買収が正式に公表されたのは２０１５年末だった。ただ、同年夏頃からこうした報道は一部で伝えられており、情報は各海運会社にも伝わっていた。実際、２０１５年下期から水面化で激しい合従連衡に向けて駆け引きが始まっており、各海運会社の交渉担当者が外交官さながらに飛び回って交渉に当たっていたようだ。

グループ化や規模で優位に立っているのは、マースクとＭＳＣ、合併を決めたＣＯＳＣＯとＣＭＡ ＣＧＭの４社だった。合併して吸収される２社（チャイナシッピング

図表2-3　中国系2社とCMA CGMによるNOL買収後の主要コンテナ船社の船腹量ランキング（単位：TEU 2015年8月）

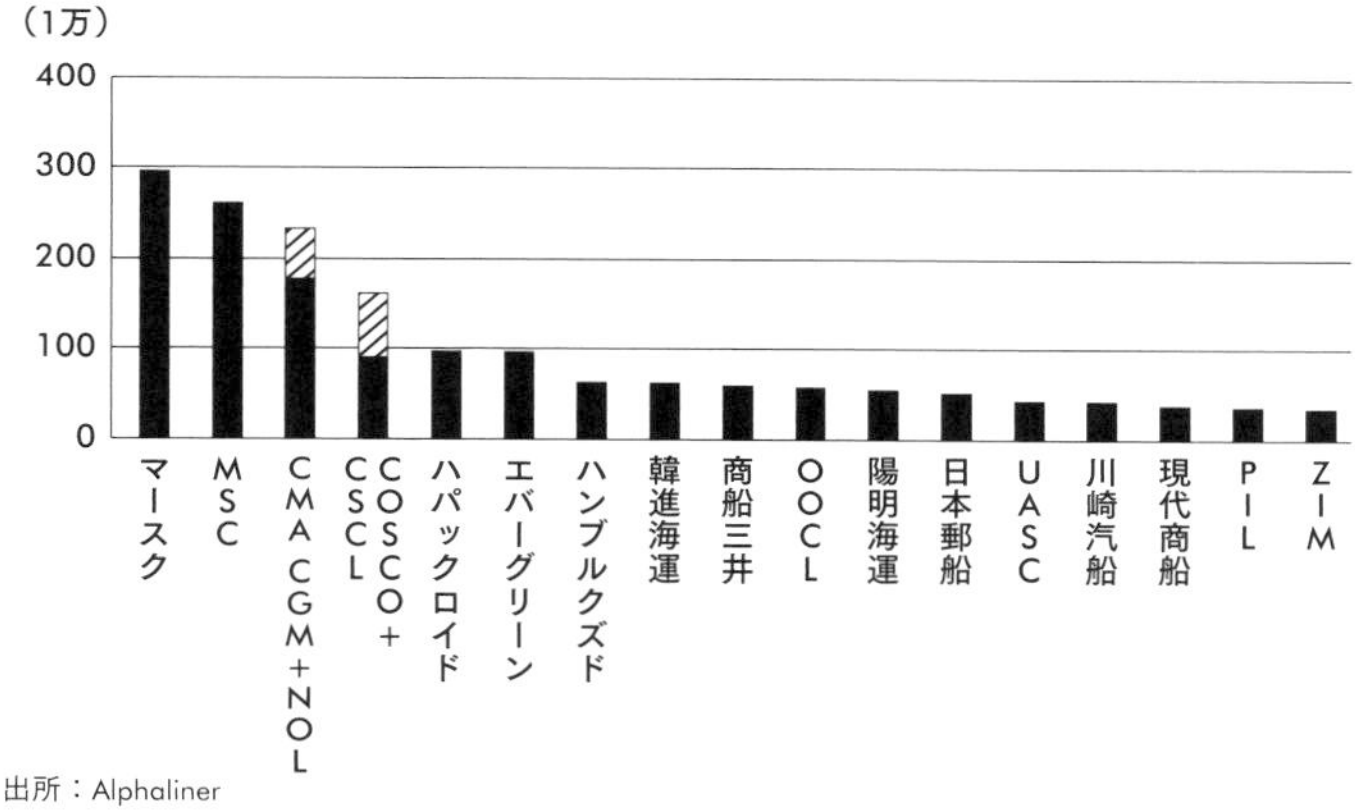

出所：Alphaliner

とＮＯＬ）を除くと、残るプレーヤーは12社となる。

日本郵船、商船三井、川崎汽船の邦船3社とドイツ系2社、韓国2社、台湾2社、香港1社、中東1社、イスラエル1社である。規模の大小があるとはいえ、それぞれの市場シェアは各社2〜6％程度。規模が小さい会社ほど、単独での生き残りが難しく、グループ化を通じた体制強化が必要だった。

マースク・ＭＳＣの欧州連合に対抗して、国有企業同士の合併で規模拡大を実現したＣＯＳＣＯは、同じ中華系海運会社に声をかけてグループ形成に動いた。最終的に、台湾エバーグリーンと香港ＯＯＣＬ（東方海外）が加わることになる。

マースク・ＭＳＣの欧州連合と

ＣＯＳＣＯを中心とした中華連合の2大グループが形成されると、残るは第3極ができるかどうかだ。各社の思惑が交錯していく。

韓国系の韓進海運と現代商船の2社は、いずれも経営状態が苦しいと言われていた。特に現代商船の苦境は誰の目から見ても明らかで、先行きへの懸念が強かった。２０１５年当時、韓進海運はコンテナ船業界8位、現代商船は15位。コンテナ船腹量で見ると、現代商船は韓進海運の半分強の規模だった。

このため、いずれ韓進海運が現代商船を吸収するのでは、と噂されていた。実際、韓国政府主導で両社の合併を模索する動きが試みられたが、その努力は実を結ばなかった。両社ともライバル意識が強く、妥協しなかった。

「Ｇ6アライアンスがグループとして瓦解したことの一つに、現代商船の問題があった」

海運関係者は後年、こう話してくれた。経営が苦しくなった現代商船と同じグループを形成していたら、破綻したときに影響を受ける。早く新グループを形成して、現代商船とは手を切りたい。そんな思惑を持つ海運会社もあったようだ。いわば、現代商船外しである。現代商船はその後、グループ再編の中で漂流して苦難の道を歩む。

12社のうち、グループ再編に加わらず独立独歩をめざす会社もあった。イスラエルのジム（ＺＩＭ）は、発祥国家の成立事情からグループ化に消極的で、単独指向が強かった。当時、どのグループにも加わらず、単独での生き残りを模索していた。

ドイツ系2社のうち、ハパックロイドは日本郵船との連携を強めたが、もう1社のハンブルクズドは事業の中心が南北航路などのため、グループ再編からは距離を置いていた。ハンブルクズドは、ハパックロイドと同じドイツ海運大手ということもあり、両社の間には何度も合併の噂が流れた。しかし、2010年代に合併話が破談に終わった後、ハンブルクズドは2018年にマースクに買収される。

邦船3社の動向

日本勢はどうだったか。邦船3社は世界の中では珍しく、コンテナ船以外のばら積み船やタンカー、自動車専用船などの部門も抱える総合経営を維持していた。そのため、他社に比べて経営状態は安定していた。

3社はいずれも全船舶を合わせると世界でトップ5に入る規模に達する一方、コンテナ船部門単体では規模が小さく、業界再編で存在感を発揮するには限界があると見られていた。しかもこの時点では、3社の思惑は一致していなかった。それでも結果から見れば、マースクなどの欧州系、COSCOの中華連合とは別に、第3極を形成する中心的役割を果たすことになる。

日本郵船は歴史的にハパックロイドとの関係が非常に強かった。マースクやMSC、CMA CGMなど新興船社が跋扈《ばっこ》する欧州系海運会社の中で、ハパックロイドは数少ない老舗であり、海運同盟の時代から日本郵船と提携してきた歴史的つながりもあった。近年も、90年代のアライアンス組成時から日本郵船とは同じグループに所属しており、外からみても関係が深かった。

この両社に加え、韓進海運を加えた3社は良好な関係を構築していた。この時点で韓進海運はCKYHEグループに属しており、日本郵船・ハパックロイドとは別グループだったが、韓進海運と2社は中近東–アジア–北米西岸航路のサービスで連携するなど結びつきがあり、関係は良好だった

商船三井はコンテナ船事業部門の本部を香港に置いていたこともあり、香港に拠点を置くOOCLとの関係が強かった。商船三井がコンテナ船事業部門の本社機能を香港に移したのは2012年だが、実際には2009年頃から移管作業が始まっていた。ともに香港に本社機能を置いていたことで、商船三井とOOCLの関係は密接で、当時、世界最大級の2万TEU型コンテナ船を共に建造し、欧州航路に投入することで合意していた。

川崎汽船は台湾・陽明海運との連携の歴史が長く、業界ではよく知られた関係だった。台湾のコンテナ船社としてエバーグリーン、ワンハイ、さらに陽明海運の3社が真っ先に思い浮かぶものの、歴史や企業文化の点で陽明海運と他の2社はまったく異なっていた。

エバーグリーンやワンハイがいずれも本省人、つまり台湾出身者によって設立されたオーナー系企業を発祥とするのに対し、陽明海運はもともと国民党によって運営されてきた

国営企業、つまり外省人系企業だった。

同社は清朝末期の1872年に李鴻章の発議にもとづき上海で設立された、輪船公司招商局を起源とする企業集団である。国共内戦で敗れた国民党とともに台湾に移り、いまの陽明海運となっている。

同社と川崎汽船の関係は90年代に遡る。陽明海運は当時、新興勢力として欧州航路への進出機会を伺っていたものの、単独でサービスを開始できるだけの隻数を揃えているわけではなかった。そこに注目し、提携を申し出たのが川崎汽船だった。

当時、川崎汽船は欧州航路でNOLやOOCLとACEグループを形成していたが、同グループは1995年末で解散することが決まっていた。そのため、同社は新パートナーとして陽明海運に狙いを定めてアプローチをかけた。その結果、両社は協定を結んで相互に船を出し合って欧州航路でサービスを開始した。

これにより陽明海運は念願の欧州航路進出を実現した。北米航路でも川崎汽船は商船三井との提携関係を解消し、陽明海運との協調配船に切り替えた。

1996年8月、川崎汽船は欧州航路でCOSCOとの提携にも調印し、翌9月から協調配船を開始した。CKYグループの始まりだった。CKYはC（COSCO）、K（川崎汽船）、Y（陽明海運）の頭文字に由来する。

当時、中国と台湾の企業の間では直接協定を結ぶことができなかったため、川崎汽船が

CとYとそれぞれアライアンス協定を締結し、ブリッジの役割を果たした。CYKにH（韓進海運）が加入したのち、CYKHグループとして日本郵船が属するグランドアライアンス、商船三井が加盟するザ・ニューワールド・アライアンスと並ぶ3大グループとして関係を構築していった。

COSCOは中国経済の成長とともに規模も大きくなり、川崎汽船や陽明海運を凌駕していく。規模の拡大につれて、COSCOは川崎汽船への態度も傲慢になっていった。80年代から現代に至る日中関係を彷彿とさせる。COSCOはチャイナシッピングとの合併をきっかけに、CKYHEグループではなく新グループ形成を模索して動き出した。

「CKYHEグループで中心的な存在だったCOSCOの離脱が鮮明となり、再編は必然だった。マースクとMSCによる欧州連合、そしてCOSCOが大中華連合を模索していたるなか、われわれも生き残りをかけて動き出した」

川崎汽船の村上英三はこう振り返った。

2015年末時点ではマースクとMSCによる2M、それに対抗したCOSCOが中心の中華連合の形成が有力視されるなか、残された船社が生き残るための時間的猶予はあまりなかった。

日系荷主の動向

同じ国の海運会社間でライバル意識が強いのは日本勢も一緒だった。日本郵船と商船三井、川崎汽船の3社は国内でも競合関係にあり、それぞれ強く意識しあっていた。個別航路で各社が部分的に提携することがあっても、グローバルな提携関係であるアライアンスで3社が席を同じくすることはなかった。

別の国の海運会社とは協力関係を築けるにもかかわらず、同じ国の会社とグループ化するのが難しい理由は営業上の競合関係、つまり顧客が重複することにある。アライアンスはあくまでも船を共同運航するためのグループに過ぎない。規模の経済が働くコンテナ船事業では、複数社が集まって共同でサービスを提供することで、隻数を多く揃えることが可能となり、1社ではできなかったサービス網の拡充や大型船を活用した燃料費の削減が可能となる。

一方で、営業上は完全な競争関係となる。例えば、同じ船で運ぶコンテナ貨物でも、取り扱う船社が違えば運賃も異なる。そのため、同じグループを形成するメンバーは、できる限り顧客層が重ならないことが望ましい。

初期のアライアンスの顔触れを見ると、船社の国籍は日本、欧州、アジアなど国別にきれいに分かれていた。同じ国の船社が重なると、自国の顧客相手に激しい競争を繰り広げることになる。そこには容易に越えられない一線があった。

しかし、リーマン・ショック後の低成長時代に入ると、規模で勝るマースクなど欧州系海運大手が一気に攻勢をかけてきた。規模の経済を活かした攻勢に、それ以外の海運会社は大同団結するしか手がなかった。もはや「同じ国だから組むことができない」などとは言っていられない状況だった。

日本の大手船社にとって日系企業は金城湯池だったのだが、この頃になると海外勢がその市場を侵食しつつあった。

１９９０年代までの日本企業であれば、自社の貨物を輸送してもらうときにはまず日本の海運会社を利用していた。北米航路では米国系のシーランドやＡＰＬを重視し、欧州航路ではマースクを重視したりするなど、航路ごとに日本以外の会社を起用することはあっても、ファーストチョイスは「日本の海運大手に」というのが普通だった。

しかし、２０００年以降、日本企業の行動様式が大きく変わっていく。２０１５年から三菱商事ロジスティクス社長を務めた田村幸士はこう回想する。

「２０１５、16年頃になると、コンテナ貨物で日本の海運会社への特別な配慮はまったくなかった。単に価格とサービスを重視して決めた。自動車船など他の船種であれば一定の配慮はあったが、コンテナはまったく違った」

荷主から見れば、コンテナ化の進展によって海運会社間のサービスの質に差がなくなり、重大事故もほとんどなくなった。本船の多少の遅れなどはあるものの、それはどの海運会社を起用しても変わらない。海外の海運会社も日本人スタッフを充実させており、日本船社にとって大きなアドバンテージであった言語の壁もかつてに比べて低くなっていた。敢えて日本の海運大手を使う理由は薄れていた。

限界に達した「コップの中の争い」

日本の荷主の行動様式の変化は、日本の海運大手にジレンマとなってのしかかった。日本の海運会社だから、日系顧客を重視するのは当然だ。しかし、コンテナ輸送がグローバル化するにつれ、日本の海運大手としても顧客層のグローバル化が求められるようになる。そのためには、まず強みのある母国市場でしっかり収益を確保した上で、世界に出ていく戦略を追い求めることになる。

日本市場で安定した収益を確保するとは言っても、日系顧客からの集荷では3社が激しく競っていた。世界市場から見れば、それはコップの中の争いにすぎない。日本企業の世界の中でのプレゼンスは次第に小さくなっており、国内での競争で体力を消耗してしまうと、世界市場では戦えない。

母国市場では海外海運大手の攻勢も激しくなり、確実に摑んでいたはずの日系顧客のニーズも多様化して、日本船社であることがそれだけで有利という状況ではなくなっていた。「中東から北米向けの輸送を請け負ってほしい」

「アジア発アフリカ向けの輸送路線はないか？」

「日本を介在しないアジア域内の輸送を助けて欲しい」

従来の日本発北米向けなど、ほぼ単線に近い輸送ルートから、求められるサービスエリアはより大きく広がってきていた。

ある海外大手海運会社の日本人営業スタッフはこう話す。

「日系大手メーカーは最初、日本の海運大手に輸送を頼もうとするが、サービスネットワークが狭いので対応しきれない。必然的にわれわれのところに話が持ち込まれてくる」

コンテナ輸送のグローバル化にあわせて、求められるサービスの多様性がより広がっていた。年々大きくなる顧客ニーズに応えるためには事業規模の拡大が不可欠であり、中途半端な規模であればジリ貧になることは目に見えていた。しかし、他方では赤字経営に陥らないために着実な事業運営が求められてもいた。

こうした状況から、邦船3社が個別にコンテナ船事業を営むことには限界が近づいていた。その事実は口には出されないが、トップマネジメントから営業現場に至るまで、共通認識としてあった。この認識の下、第3極の形成に向けて各社が模索するなか、3社統合に向けた動きが一気に加速する。

記者会見するONE首脳。左から岩井泰樹、ジェレミー・ニクソン、山鹿徳昌、辻井廣喜。
2018年6月、シンガポール　（写真提供：日本海事新聞社）

第 3 章

背水の陣として発足したONE

新アライアンス形成

COSCOとCMA CGMが新グループ結成

2016年2月、世界的な海運再編の大きなニュースが飛び込んできた。中国COSCOと仏海運大手CMA CGMが中心となって、新グループが発足するというものだった。参加メンバーは、COSCO、CMA CGMの他、台湾のエバーグリーン、香港のOOCLだった。

当時、コンテナ船業界は一部を除き、主要15社4グループ（G6、2M、オーシャンスリー、CKYHE）に分かれていたが、新しく発足するアライアンスに加わる4社は既存3グループの主要構成メンバーだった。

新グループは、中国の戦国時代さながらの水面下での激しい駆け引きの末に発足したもので、最終的にCOSCO、CMA CGM、エバーグリーン、OOCLの4社による新グループは「オーシャンアライアンス（OA）」として2016年春に正式発表された。

この新グループ発足により、既存の4グループ体制は名実ともに崩壊した。CMA CGMによるNOL買収やCOSCOとチャイナシッピングの合併によって事実上、4グループ体制が存続することは難しいと見られていたが、新グループ発足は新たな秩序の幕開けともいえた。

オーシャンアライアンスは概ね想定内のメンバーだったが、意外だったのは香港OOCLがこのグループに加わったことだ。OOCLはG6の有力メンバーであり、商船三井と連携して2万TEU型の巨大船を6隻ずつ建造し、欧州航路に投入するとも見られていた。

しかも、オーシャンアライアンス4社のうち、OOCLのコンテナ船隊はCMA CGMやCOSCOの半分以下の規模であり、エバーグリーンに比べても大きく見劣りするものだった。

コンテナ船を営む海運会社がアライアンスを形成する場合、ある程度規模の近い会社同士が集まるほうがスムーズにいく。日本郵船や商船三井が加わるG6アライアンスがその典型だった。規模に差があると、規模の大きい企業が主導権を握ってしまうためだ。規模の小さい企業はグループの中での発言権が相対的に弱くなり、結果として自社の利益をしっかり主張できないことになりかねない。

収益力が高いとはいえ、オーシャンアライアンスの中で規模がひときわ小さいOOCLの立ち位置は難しいと見られていた。「よくアライアンス入りを決断した」というのが外から見た印象だった。

「海運会社のセオリーよりも、政治的判断で動いたのではないか？」

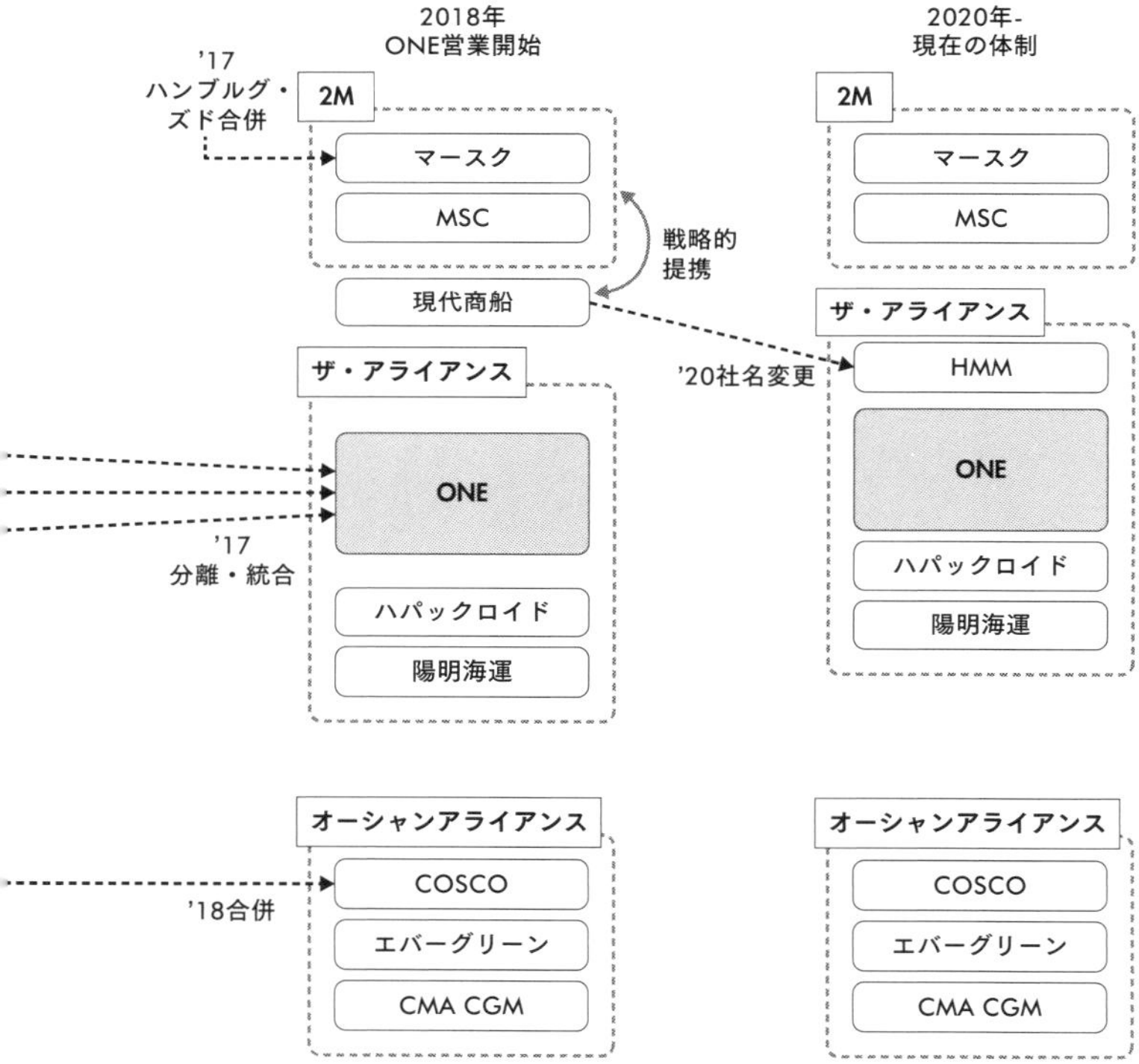
2018年
ONE営業開始
2020年-
現在の体制
'17
ハンブルグ・
ズド合併
2M
マースク
MSC
戦略的
提携
現代商船
'20社名変更
ザ・アライアンス
HMM
ONE
'17
分離・統合
ハパックロイド
陽明海運
オーシャンアライアンス
COSCO
エバーグリーン
CMA CGM
'18合併

図表3-1　世界のコンテナ船社のアライアンスの変遷

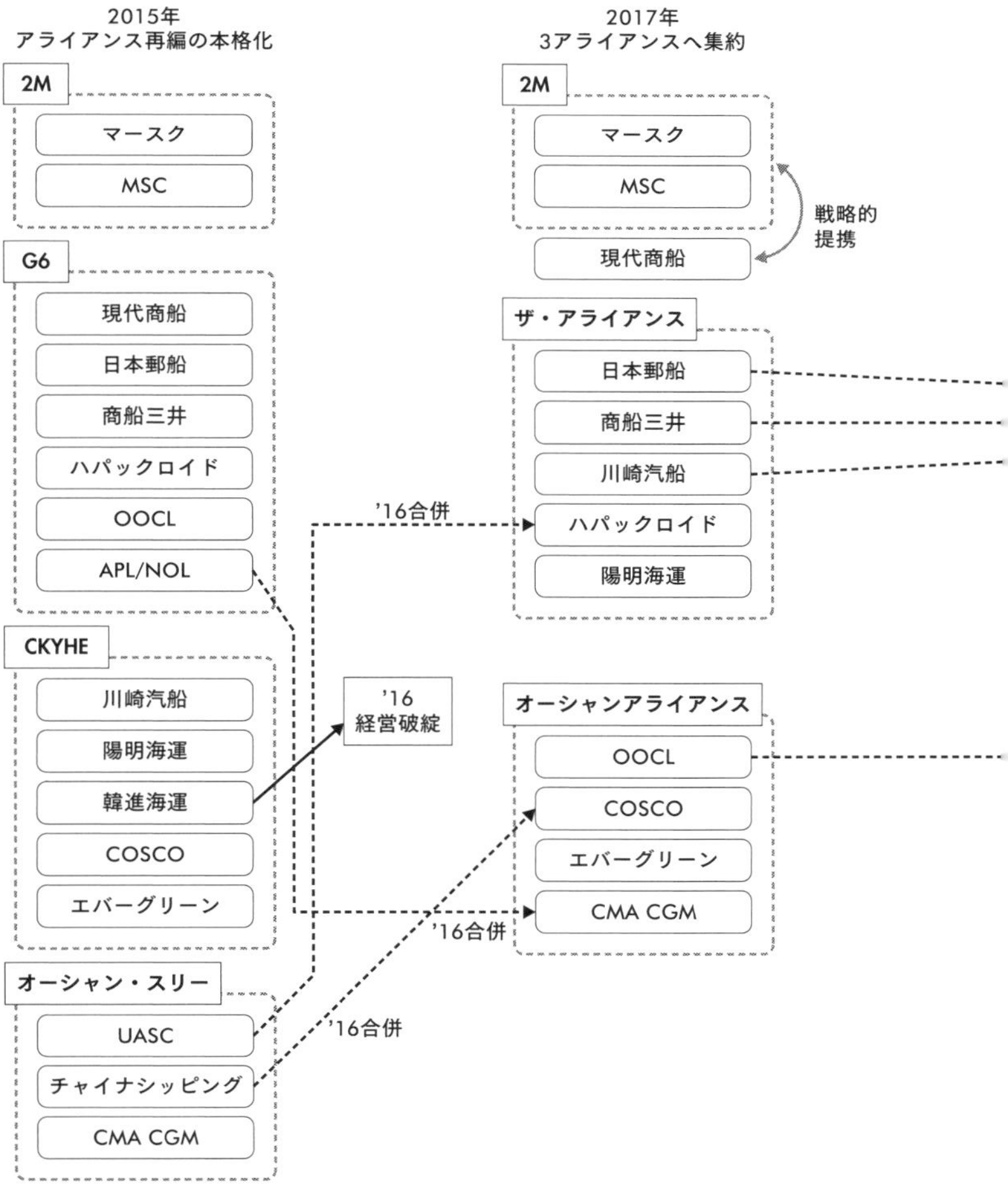

出典：日本海事広報協会の「SHIPPING NOW 2022-2023」を基に作成

ＯＯＣＬの動きについては、当時から業界で噂があった。中国政府がＯＯＣＬに対してＣＯＳＣＯグループ入りを求めたのではという憶測である。

１９９６年12月、ＯＯＣＬのオーナー董建華は初代香港特別行政区長官に選出された。長官就任に際してＯＯＣＬトップの地位を弟の董建成に委ねているが、同社は大陸と密接な関係にある企業であると見られていた。

２０１７年になって中国や香港の地元紙では、ＣＯＳＣＯによるＯＯＣＬ買収の可能性が盛んに報道されるようになり、香港返還20周年を迎える7月1日の記念式典に合わせて発表されるとの観測だった。ＣＯＳＣＯのＯＯＣＬ買収が正式に発表されたのは20周年式典の1週間後。これによって、２０１６年からの一連の動きの裏に中国政府がいたことが改めて裏付けられた。

ＣＯＳＣＯは２０１５年にも同じ国有企業チャイナシッピングと合併し、規模がひと回り大きくなっていた。ＯＯＣＬ買収で、コンテナ船事業の規模で世界第3位に躍進した。

２０１３年に習近平が提唱した「一帯一路」構想を考える上で、海運業におけるその中核的な役割を担うのはＣＯＳＣＯグループであることは衆目の一致するところだった。ＣＯＳＣＯを中心としたグループ形成やＯＯＣＬ買収は、中国政府の強い意志だった。

ＣＯＳＣＯとＯＯＣＬの姿を、今の中国と香港の関係の相似形ととらえる向きもある。国際海上コンテナ輸送は世界経済の基礎的インフラであり、その重要性は一言では言い尽くせない。だから、コンテナ輸送は国際政治と無縁ではあり得ず、その重要な要素と言える。

日本・韓国勢が第3極の新グループに結集

2016年4月、COSCO、CMA CGM、エバーグリーン、OOCLの4社によるオーシャンアライアンス発足が正式に発表された。これでマースクとMSCによる2Mと合わせ、2大グループに再編されたわけだが、残された8社（合併が決まったNOLは除く）の動向が注目された。

そんななか、同年5月13日、日本郵船、商船三井、川崎汽船など6社による新グループ「ザ・アライアンス」の結成が発表された。

メンバーは日本の邦船3社の他、ドイツのハパックロイド、韓国の韓進海運、台湾の陽明海運の計6社だった。オーシャンアライアンスの発足から間髪を入れず、第3極のグループが誕生したわけだ。

コンテナ船事業は巨大な装置産業であり、関わる人数は膨大だ。一方で、巨大であるため、運営面では分業体制が整っている。営業機能を担う集荷部門から、コンテナ船やコンテナ機器を調達する担当、航路別に採算管理をする部署、世界各地で動いているコンテナ機器の管理担当、情報システムの部署などに加え、他の海運会社と交渉して航路ごとの提携やグループ化などを調整する部署も存在する。

分業体制であるため、本部にいなければ見えてこない全体像がある。コンテナ船ビジネスの全体像を本当に把握している人間はごくわずかと言われている。ある海運関係者は、次のように語っている。

「本当にコンテナ船事業全体を把握しているのは、業界全体で50人にも満たない」

4大グループが3大グループに再編されるなか、そうした各海運会社のごく少数の担当者が水面下で調整や駆け引きをしつつ、再編を進めていった。

マースクとMSC、そしてCOSCOとCMA CGMなど規模の大きな上位企業がグループ化を進めるなか、G6とCKYHEに属していた規模が似通った中堅会社が集まってグループ化し、第3極を形成したのは必然だった。

経営不安によって忌避された現代商船は、ザ・アライアンスへの加盟を求めたものの、叶わなかった。ザ・アライアンスのメンバー船社は6社だが、中東の海運会社であるUASCがハパックロイドと合併交渉を進めていたため、同社も実質的には7社目の存在といえた。

この再編で注目を集めたのは、日本勢と韓国勢の対照的な動きだった。

再編前、日本勢3社は別々のグループに所属しており、韓国勢2社も同じ構図だった。それが再編により日本勢3社は同じグループとなったが、韓国勢はそうはならなかった。

現代商船は経営が不安視されていつ破綻するともわからない会社と見られており、他の海運会社から見れば同じグループに入れるのはリスクでしかなかった。同じ韓国勢の韓進海運が手助けをすれば、もう少し違った結果が出たのかもしれなかったが、そうはならなかった。

当時、現代商船は海運不況によって赤字が続き、ドライバルク部門を売却した他、定期用船中の船舶（ドライバルク船41隻、コンテナ船34隻）の用船料を減額するようCEO名で船主側に要請していた。減額を要請した手紙は、2016年2月1日付で送られた。その手紙には具体的な減額幅は明記されていないものの、市況低迷による窮状を説明した上で船主を含む関係者の協力が得られない場合、「韓国の破産法に基づく法定管理（日本の会社更生法に相当）を申請する以外に選択肢がなくなる」と記されていた。

結果的には、この窮状を訴えた手紙が内外メディアで報じられ、逆に「現代商船は破綻秒読み」と見られ、ますます孤立していく。

韓進海運も盤石だったわけではなく、やはり財務面で追い詰められていた。ただ、苦しさの度合いでいえば、韓進海運の方がまだマシというのが業界の中での共通認識だった。

2016年5月23日に満期予定だった同社の358億ウォン相当の社債の償還日を9月に繰り延べることで債権者間で合意できていた。2017年からザ・アライアンスのメンバーに入ることも決定しており、業界再編のバスには乗っていた。

韓進海運の破綻

消えた世界第7位

２０１６年8月31日、韓国の韓進海運はソウル地方裁判所に法定管理を申請し、経営破綻した。

韓進海運はコンテナ船98隻を運航し、ＴＥＵベースでの運航規模は60万９５００ＴＥＵと世界7位だった。15年から一つ順位を上げたのは、中国系2社が合併したことによる。コンテナ船の他、バルク船やタンカーなど44隻を運航し、国内外でコンテナ・ターミナル11カ所を運営していた。

10位前後に位置していた日本の海運3社に比べても規模は大きく、世界でも有力な海運会社の一つだったが、世界7位にしてはあっけない幕切れだった。破綻した時期は、現代商船の再建計画がまとまった直後だった。

現代商船は6月までには海外船主との用船料減額交渉を終了していた。合意内容は、用船料を20〜25%減額する代わりに、減額分に相当する社債や新株などを割り当てるというものだった。

韓国政府による支援もあり、政府系船舶ファンドからの用船料減額や社債償還の延長など手厚い支援が行われた。事実上の銀行管理下での厳しい再建計画となったが、ひとまず破綻の可能性は遠のいていた。

再建計画がまとまった後、焦点は現代商船がどのアライアンスに加盟するのかに移っていた。当初、現代商船は初期メンバーには加われなかったものの、落ち着けば、ザ・アライアンスに加盟するとの見方が有力だった。

しかし、現代商船は最終的にマースクとMSCによる2Mに加わることになる。なぜ2Mだったのか。ひとつには、現代商船がザ・アライアンスに戦略的提携の形で加盟することに韓進海運が強く反対したためと言われている。両社は韓国の2大海運会社である一方、激しいライバル関係にあった。

実は現代商船と韓進海運は合併話が進んでいた。現代商船の再建計画を主導した金融委員会が2016年6月、両社の合併について検討に乗り出すことを記者懇談会で明言した。両社の経営が正常化し、アライアンス加盟への議論が終わった後のタイミングだと言われていた。

韓国は国主導で海運大手の再編を進める意図を持っていた。実際、国営船舶ファンドを通じた手厚い支援を行っており、口も金も出す姿勢が鮮明だった。だが、韓進海運の経営状態が急激に悪化したことで、この合併構想は未完に終わった。

韓進海運の再建をめぐっては、韓国産業銀行などで構成する債権団と株主である韓進グループの対立もあった。追加出資を要請する債権団に対し、ない袖は振れないと拒否する韓進グループの間で話し合いがまとまらず、8月に入ると同社破綻の噂が広まりはじめた。

韓進海運と現代商船の2016年4－6月期業績は、韓進が売上高27％減、現代商船が28％減。コアＥＢＩＴ（金利・税引き前損益）は韓進が1880億ウォンの赤字、現代商船が2180億ウォンの赤字だった。

どれだけコンテナ貨物を運んだか示す積み高では、現代商船が前年同期比7％減、韓進は1％増。これは営業上で韓進が健闘しているというよりも、運転資金を確保するため、安売りして貨物を集めた結果だ。

当時、ある商社系物流企業関係者はこう話していた。

「北米向けに鋼材を輸出する際、いい条件を出した韓進を使った。同社が危ないという噂は出ていたが、しばらくは大丈夫だろうと思って油断した」

コイルなど鋼材はコンテナ輸送でよく運ばれるが、貨物としての重量があるため他の積み荷とのバランスをとる必要がある。海運会社にとっては扱いにくい品目だ。破綻直前の韓進海運は他の海運会社が敬遠する貨物でも積極的に引き受け、日々のキャッシュを確保するのに必死だった。そうした努力も虚しく、同社は8月末に経営破綻する。

コンテナ船を運航する海運会社の経営破綻は、2001年の朝陽海運（韓国）、2008年のＳＹＭＳ（中国）、2013年のＳＴＸパンオーシャン（韓国）などが有名だが、どれも近海航路を主戦場にする企業だったため、影響は限定的だった。

コンテナ船業界でいう基幹航路である北米航路などでサービスを提供している海運会社で、もっとも規模が大きい破綻は1986年のUSラインだ。USラインは米国の有力海運会社で、当時世界2位だったことから、その経営破綻は業界に大きなショックを与えた。

ただ、USラインの経営破綻時のコンテナ船運航規模は、9万800TEUほどだった。これは、韓進海運の約6分の1に過ぎない。荷主や運んでいるコンテナの本数でいえば、比較にならない。世界規模でサービスを展開する本格的なアライアンス加盟船社という意味では、韓進海運の倒産は実質的に初めてのケースと言える（朝陽海運は2001年当時、韓進海運、UASCとグループを形成していたが、破綻直前に脱退していた）。

差し押さえによる物流の大混乱

韓進海運破綻の影響は想像以上だった。破綻となれば、債権者は当然ながら資金を回収しようと殺到する。世界規模で輸送サービスを展開する海運企業であれば、経営破綻の影響は計り知れない。債権者は各地で船の差し押さえなどに動き、世界の物流が大混乱した。

破綻から2週間後の9月14日時点で、同社のコンテナ船97隻のうち15隻が入出港停止や差し押さえの対象となり、公海上の待機が56隻、目的地に向けて航行中が19隻となっていた。

公海上の待機は、港などに入るとコンテナ船が差し押さえにあってしまうため、公海上で船を停める苦肉の策だ。港に入らなければ差し押さえは免れるとはいえ、逆に貨物の荷揚げもできず、荷主の手に渡ることもない。それも1隻ではなく97隻という膨大な数である。サプライチェーンが大混乱したのは当然だ。

もう一つの問題は、韓進海運のコンテナ船が必ずしも同社だけのコンテナ貨物を運んでいるわけではなかったことだ。同社のコンテナ船には、他の海運会社の貨物が数多く積まれていた。

海上コンテナ輸送の世界では、自社でサービスを提供できない地域については他社と提携し、スペースの貸し借りをしている。ある航路でウィークリーサービスを開始するだけのコンテナ船の数が足りなければ、他社と連携することもある。その場合でもスペースを貸し借りしている。

仕組みは、航空会社のコードシェア（共同運航便）のようなものだ。乗客からみれば、航空券の購入先と実際に搭乗する航空会社が異なる場合があるが、それと同じ構図だ。例えば、ある荷主が日本から米国ロサンゼルス向けの輸送をA社に依頼したとする。A社はその輸送を引き受けたものの、その貨物を載せるコンテナ船はA社が提携しているB社の船となる。

非常に便利な仕組みだが、提携先が破綻した場合の影響は計り知れない。韓進海運は北米航路や欧州航路では川崎汽船やＣＯＳＣＯなどとともにＣＫＹＨＥグループを形成し、他の航路では別の会社と提携していた。２０１７年４月から始動する予定だったザ・アライアンスのメンバーである日本郵船や商船三井、ハパックロイドともさまざまな航路で提携していた。

破綻時、韓進海運が提携していた会社は25社に上った。提携の規模はまちまちだが、破綻した韓進のコンテナ船には、25社の貨物が積まれていた。韓進と提携していた会社にとっても同社の破綻は迷惑なことだった。経営難の現代商船が忌避された理由も、こうした巻き添え被害を被る恐れがあったからだ。

「現代商船はダメだが、韓進海運は大丈夫だと聞いていたので、本当にびっくりだった」

邦船３社の関係者は当時をこう回想する。

航空機のコードシェア便の場合には、搭乗する際、飛行機を見て航空券を購入した航空会社と搭乗する運航会社が異なることを自覚する。しかし、コンテナ貨物の場合には、担当者が運航船まで把握していなければわからない。

実際にコンテナ貨物の輸送依頼をする際、ブッキングする海運会社と実際に運ばれる海運会社の違いを認識している荷主の担当者がどれだけいるだろう。多くの荷主はそうした実情を知らないはずだ。

普段は気にする必要はないが、一旦、破綻が起きると大問題となる。韓進破綻のニュースを聞き、真っ先に自社貨物の動向を気にした荷主は多かった。調べると、韓進を使っていないとわかり、胸を撫で下ろしたのも束の間、利用していた会社が韓進と提携していたため、同社のコンテナ船に荷物が積まれていて往生した、というケースが少なくなかった。

小異を捨てて大同に就く

韓進破綻で世界のコンテナ船業界が大揺れになっている頃、邦船3社のコンテナ船事業統合に向けたプロジェクトが水面下で進んでいた。

当初、3社が同じコンテナ船のグループに入ったことで、いずれ事業統合の動きが具体化するのではないかとの見方があった。タイミングは新グループのザ・アライアンスが始動する2017年4月以降だろう、と見られていた。

ところが、周囲の予想より遥かに早く、邦船3社のコンテナ船事業の統合作業が動き出していた。

「内幕を話すにはまだ早い。もう少し時間が必要」

統合プロジェクトの詳細について、関係者は異口同音にこう語る。

事業を切り出して統合することは、その会社にとっては大きな決断だ。まして3社にとって歴史と伝統のあるコンテナ船部門だから、非常に重い決断となる。

3社の利害が真正面からぶつかり合うなか、虚々実々の駆け引きが繰り広げられたはずだ。まだ記憶に生々しいため、内情を話すには時間が必要なのだ。しかし、小異を捨てて大同に就くという認識は、当時の3社関係者にはしっかり共有されていた。

関係者のインタビューや各種報道などによれば、2016年夏までに3社はコンテナ船事業の統合で基本合意し、9月4日から具体的な統合作業に向けた協議を開始している。資本金や事業会社の所在地、基幹システム、幹部人事など、決めなければいけないことが山積していた。それを一つひとつ、統合協議チームはこなしていった。

具体的な協議開始から2カ月ほどで対外発表に漕ぎつけたこと、関係者が絞り込まれていたこともあり、水面下の動きが外部に漏れることはなかった。3社のトップから現場にまで浸透していた「コンテナ船事業はこのままではもたない」という強い危機感が、短期間で協議をまとめる原動力になった。

当時の3社トップは、次のように決断に至った事情を語る。

川崎汽船・村上英三「いくらアライアンスで集まっても限界がある。コスト競争力でも営業力でも。とにかく一つの事業体にしないと、巨大化した欧州勢にはとても太刀打ちできない。口には出さなかったが、3社事業統合しか手段はないと思っていた。皆、それは同じ思いだった」

日本郵船・内藤忠顕「どこもライナー（コンテナ船事業）をなんとかしなければ、と強く思っていた。少なくとも10年前（リーマン・ショック前）までは、まだ個社でも生き残れるのでは、と思っていたが、このときはもう無理だというのが皆、わかっていた」

商船三井・池田潤一郎「特定の人間が頭でっかちにまとめ上げたものではなく、関係者すべての思いだった。よく（3社統合を）決断したと言われるけれど、個人の決断でやったのではなく、時代が後押しした。いわば『時代の決断』と言えるのではないか」

3社コンテナ船事業統合の発表は、韓進海運の破綻からちょうど2カ月後。韓国は2社、日本は3社と数は違っていたが、国内に複数の海運会社が存在していた。両国ともコンテナ船事業で苦戦を強いられ、世界的業界再編の中で生き残りを模索していた。

企業がバラバラで事業をやっていても限界があるというのは、両国関係者とも感じていた。コンテナ船を事業の中核に据えていたため、市況変動の影響をモロに受けた韓国の2社に比べると、邦船3社は総合経営の長所として相対的に財務体質が強かった。そのため、打ち手が大きかった強みはある。

表面的には、韓国の方が統合への意志が強かったように見える。金融当局は2社の合併を明言していたし、そうした期待も高かった。韓国政府は積極的に口も出し、金も出すなどして動いていた。

一方、日本では1985年の自由化以降、政府は海運業界には金も口も出さないというスタンスだった。コンテナ船など個々のビジネスについてもそうだった。海運業はシーレーンなど国家安全保障にとって重要な要素であるにもかかわらず、国は海運会社のビジネスには関与しないという姿勢で一貫していた。

その後、国土交通省は傘下のファンドである「海外交通・都市開発事業支援機構」（ＪＯＩＮ）を活用し、オーシャン・ネットワーク・エクスプレス（ＯＮＥ）が発注したコンテナ船の整備に手を貸している。それでも、スキームの対象になった建造整備支援のメガコンテナ船はわずか2隻にとどまっている。

日本政府の対応は、ほぼ国が丸抱えでコンテナ船隊の整備を支援した韓国とは対照的だ。しかし、国の支援が期待できなかったからこそ、民間の側に自助努力で生き残りを模索する動きが出て、結果的にコンテナ船事業統合によるＯＮＥ誕生に繋がった。

３社は２０１６年10月28日（金曜日）夕刻、コンテナ船事業を統合することを国土交通省に伝えた。それ以前には、非公式にも統合の動きを国に伝えたことはなかったようだ。

週末を挟んで31日（月曜日）、東京・大手町の経団連会館で３社がコンテナ船事業統合を発表することになる。

統合プロジェクトの本格化

「コンテナ2・0」時代の最適解

10月31日の統合発表からまもなく、シンガポールに邦船3社の北米拠点関係者が集合した。日本人だけでなく、米国人を含めた幹部クラスが顔を揃えた。その場で新会社にとって重要な北米事業をどう円滑に統合していくかが話し合われた。

3社の北米本社所在地は、日本郵船がニュージャージー(ニュージャージー州)、商船三井がシカゴ(イリノイ州)、川崎汽船がリッチモンド(バージニア州)とバラバラだった。3社にとって北米は最重要市場の一つだ。統合会社の北米地域本社をどこに置くかは大きな焦点のはずだったが、実はすでにリッチモンドに決定していた。

日本郵船の北米本社はニュージャージー州で、マンハッタン島までハドソン川を越えてバスで20分ほどの距離にある。商船三井の北米本社もシカゴ郊外にあり、車ですぐ中心部に行くことができる。

米国でも古い歴史を持つバージニア州の州都リッチモンドは、ニュージャージーやシカゴに比べれば田舎のイメージは拭えない。リッチモンドを新会社の北米本社に選んだのは、3社の中で川崎汽船が最も北米航路に力を入れており、同地域で強みをもっていたからだ。

社内イベントで挨拶する岩井泰樹マネージングダイレクター　（写真提供：ONE）

リッチモンドにあった川崎汽船北米本社は、その機能の大半がコンテナ船部門だったため、オフィスを含めて新会社の北米本社に衣替えすることになった。川崎汽船北米本社はオフィスを新会社に明け渡し、リッチモンド近郊に移転している。

「ベストプラクティス」が一貫して統合の旗印となった。出資する3社の一番良いところを新会社に取り入れるという思想だ。北米での例にもれず、いろんな分野・エリアで3社の強みをうまく継承しながら、新会社の設計を協議した。

２０１６年の統合発表後の反応は、好意的なものばかりではなく、一部には冷ややかな見方もあった。その理由は、日本企業の合併・事業統合のそれまでの例を見ると、どの業界でも社内融和に時間がかかり、１＋１が２に満たないどころか、１・５以下という失敗事例が目立ったからだ。特に、巨費を投じたばかりの自社システムに拘《こだわ》るケースが多かったようだ。

３社統合に当たって岩井らリーダーたちが腐心したのは、統合会社のコアバリュー（企業の価値観）をしっかり定め、企業風土や文化、仕事のやり方などを短期間に確立することだった。

コンテナ船は間違いなく典型的な装置産業、すなわち規模がものをいうビジネスだ。ただ、リーマン・ショックやマースク・ショックを経た世界のコンテナビジネスは、単なる規模追求の従来型「コンテナ１・０」から、運営の巧緻や効率性などソフト面も組み合わせた「コンテナ２・０」に移行しつつあった。そのため、理念や方向性、運用方針などについて、しっかりした基礎設計が求められた。

岩井は、発足後しばらく経った後のインタビューでこう述べている。[18]

「コンテナ船事業が規模こそすべてというのは誤り。実際には非常に複雑で奥深い。当社でも２００隻超のコンテナ船と１５０万本超のコンテナを駆使して世界１００カ国以上にサービスを提供するなか、一つひとつの創意工夫や仕事のやり方で収益は大きく変動する。ＯＮＥの規模（運航船腹量）は世界第６位（当時）だが、定期船ビジネスの中の最適解を見つけることができれば、ナンバーワンの競争力を確立できると信じてやってきた」

歴史ある親会社の伝統を受け継ぎつつ、新しいグローバルな会社として効率的な事業運営、迅速な意思決定ができる組織をいかに作り上げることができるかが、大きなポイントだった。

若手への大胆な権限委譲

事業スキームでは、まず3社の持ち株会社がある。本社所在地は東京で、会社管理に関する基本的な管理業務だけを担い、人数もごく少数だ。持ち株会社の100％子会社として、事業運営会社オーシャン・ネットワーク・エクスプレス（ONE）があり、所在地はシンガポール。このONEがコンテナ船事業を担っている。

事業運営会社を日本ではなく、敢えて海外に置いた理由はいくつかある。シンガポールでは海運税制面のメリットがあり、海運関連人材・情報が豊富であること、海運業が集積する都市であること、などだ。

加えて、3社の本社や監督官庁がある東京と物理的な距離を置くことで、統合会社のスタッフに新天地で自由に活躍してもらうという秘めた狙いもあった。プロローグで触れた「出島組織」である。

統合前、コンテナ船部門の本社機能は日本郵船がシンガポール、商船三井が香港と既に海外に立地していた。川崎汽船もシンガポールにコンテナ船部門の中核機能を置いていた。

図表3-2　海運大手3社とONEの運営体制

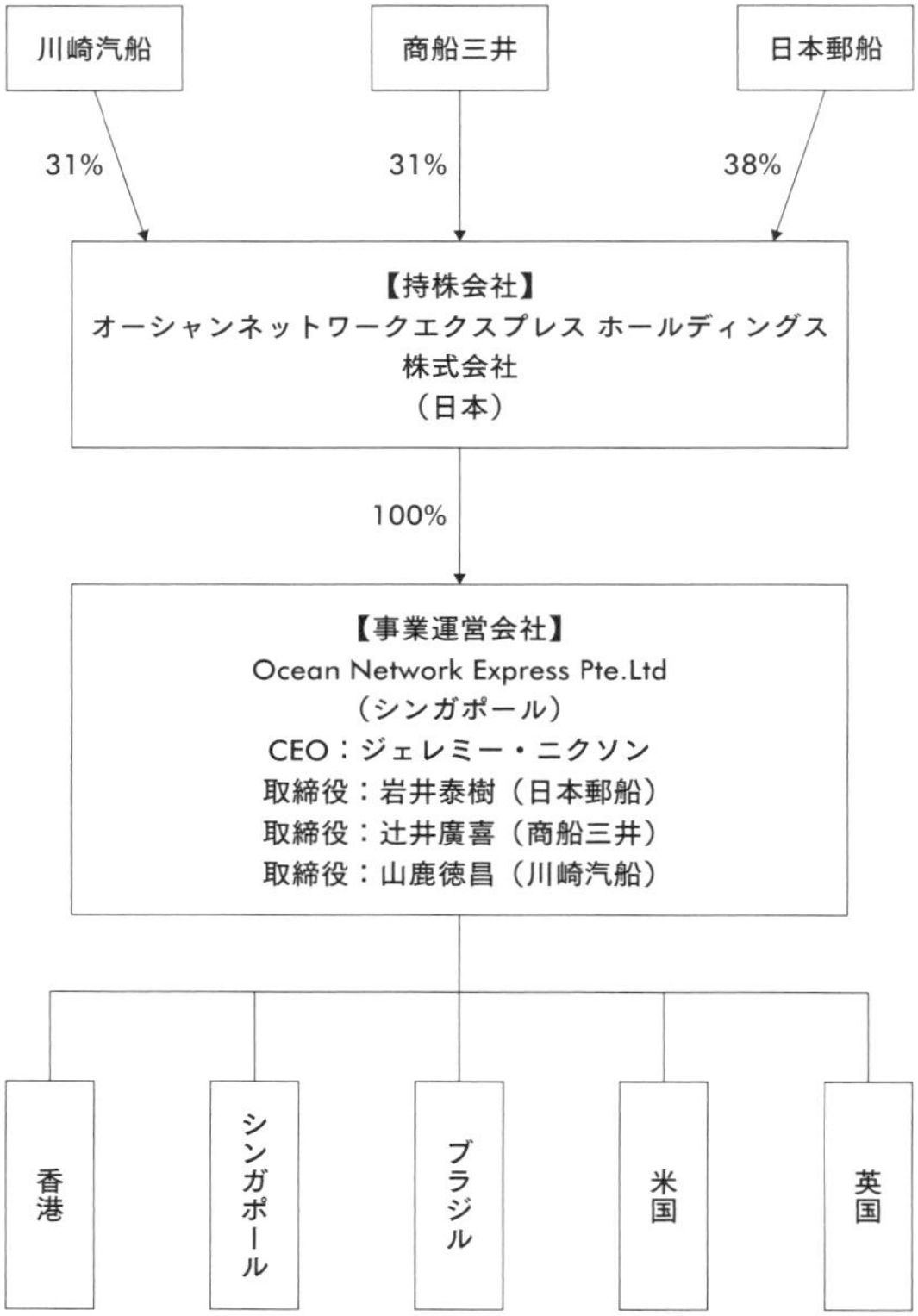

（地域統括拠点の所在地5カ所）

注：事業運営会社の役員体制は発足当時。取締役のうち、川崎汽船出身者は2020年4月に山鹿氏から栗本裕氏に交代。

統合新会社の所在地が海外、それもシンガポールというのは自然な流れだった。

ONEの組織は、シンガポール本社を中心に世界を北米、南米、欧州、東アジア、南アジアの5極に分け、各極の傘下に国ごとの現地法人を置く体制となっている。世界5地域の統括本部は、北米（リッチモンド）、南米（サンパウロ）、欧州（ロンドン）、東アジア（香港）、南アジア（シンガポール）。

人事については、3社出身者をバランスよく配置している。発足時の5極トップをみると、日本郵船（N）は東アジア、商船三井（M）が欧州、南アジア、南米、川崎汽船（K）が北米となっている。

主要国現地法人トップは、日本（K）、タイ（K）、インドネシア（K）、ベトナム（N）、中国（M）。トップとナンバー2は別の会社にするなど、細かいところまで気を配っている。日本の合併会社によくあるバランス型人事だ。

実質的な本社であるシンガポールの事業会社トップは、英国人のジェレミー・ニクソンだ。英国のコンテナ船社P&Oネドロイド出身で、同社がマースクに買収された後、日本郵船が欧州地域のトップとしてヘッドハンティングした。その後、同社のコンテナ船部門トップとしてシンガポールで指揮を執っていた。郵船出身とはいえ同社のカラーは薄く、3社トップとして適任だった。

このニクソンを、岩井泰樹（日本郵船）、辻井廣喜（商船三井）、山鹿徳昌（川崎汽船）

が、取締役に相当するマネージング・ダイレクターとして支える構図となっている。

発足当時、岩井がサービス改編や船隊整備を、辻井がマーケティングや営業方針を、山鹿が人事や財務など管理部門を分担した。サービスを開始した2018年当時、スタッフは400人弱だった。そのうち、3社からの出向者は120人ほどで、部長級を3社から6人ずつ出し合った。

ニクソンCEOを除き、役員の入社年次は岩井と辻井が平成3(1991)年で、ONE発足時は40代後半に過ぎず、最年長の山鹿にしても50代前半だった。いずれも本社では部長クラスの年代だ。

役員がこれだけ若いため、その下のスタッフクラスは当然ながらそれより下の年次となる。つまり事業会社は、30代後半から40代前半の若手・中堅が実質的に仕切ることになった。親会社はいわゆるJTC(ジャパン・トラディショナル・カンパニー)だから、奇跡的な人事と言えた。

邦船3社からみれば、ONEは持分法適用会社の一つに過ぎないが、売上規模や陣容では親会社を上回る存在であり、子会社の枠には収まり切らない。その巨大な子会社の経営を、若手や中堅に任せることになったのは、シンガポール行きが必ずしも成功の保証がない「片道切符」だったからではないか。

ONEの運営体制は基本的に中央集権で、主要な決定はすべてGHQと呼んでいるシンガポール本社で行われている。
「決断は中央が迅速に、その代わり、実行はより現場に近いところに委ねる」
これがコンテナ船事業を運営する上でのベストな仕組みと言われていたが、それが期せずして日本ではなく、異国の地で構築できたのはある意味で奇跡だった。

鮮烈だったマゼンタのコンテナ

２０１７年に入り、統合プロジェクトは順調に進んでいった。５月にはコンテナ船統合新会社の社名「Ocean Network Express」を発表した。７月には記者会見が開かれ、統合持ち株会社と同事業運営会社の役員構成の他、日本での営業を担う国内集荷会社の設立なども明らかにされた。

会見で注目を集めたのは、コンテナ海運会社にとって一番の商売道具である海上コンテナと、新会社のコーポレートカラーだ。

「なんでピンクなんだ」

会見場が少しどよめいたほど、お披露目されたピンクのコンテナは異彩を放っていた。出席者にはピンクにしか見えなかったが、正確にはマゼンタ（赤紫色）だった。

新会社のロゴは、英語社名「ＯＣＥＡＮ　ＮＥＴＷＯＲＫ　ＥＸＰＲＥＳＳ」の頭文字と３社統合の理念（１つになる）を重ねた「ＯＮＥ」を太めのゴシック体で目立たせたも

ニューヨーク港沖を航行する1万4000TEU型コンテナ船「ONE MINATO」（写真提供：ONE）

のだ。そしてコンテナ本体のカラーはマゼンタ。あまりにその色が鮮烈で、強い印象を放っていた。

コンテナのカラーは、保有する会社によってさまざまだ。長年、コンテナ船で世界トップだったマースクのロゴは、青地に7角の白い星だ。コンテナ自体はグレー（灰色）で、側面に青地のロゴと英文で「MAERSK」と記されている。マースクのコンテナ船も塗装は青が鮮やかだ。

スイスのMSCは、遠くから見てもはっきりわかる黄色のコンテナだ。側面中央に「MSC」のロゴがあり、シンプルで一目で同社のものだと分かるうえ、存在感もある。その他、色で有名なのは台湾エバーグリーン。その名の通り、鮮やかなグリーン（緑色）がコーポレートカラーとなっており、コンテナやコンテナ船、はては自社保有のビルもグリーンに彩られている。

海運会社にとって、コンテナのカラーは存在をアピールする格好のツールだ。コンテナはトレーラーに積まれて都市を走り抜けるなど、一般の人の目にも触れる機会が多い。暗い色より明るい方が、その会社の個性を際立たせる。

統合プロジェクトチームには、駅や空港など人が多く集まる場所での広告やテレビＣＭなど、新会社プロモーションのためのさまざまな提案が広告代理店からなされた。

新会社の立ち上げのための宣伝活動は重要だが、費用対効果を考えれば宣伝費を無尽蔵に注ぎ込めるわけではない。それにいくら大規模なイベント活動を行ったとしても、そうした広告は一過性のものにすぎない。

それにコンテナ輸送はあくまでもＢ２Ｂのビジネスだ。一般への認知度を高めることが重要とはいえ、従来型の広告宣伝を展開するのはどうかという疑問も関係者にはあった。

「それならコンテナ船社にとって一番大切な商売道具であるコンテナを目立つ色にすればいいのではないか？」

そんな発想から出てきたのが、マゼンタだった。統合プロジェクトに関わった岩井は振り返る。

「そもそも使える色は、ピンクと紫ぐらいしか残っていなかった」

黄色、緑、赤などはすでに既存のコンテナ船社が使っており、違う色はきわめて少なかった。どちらかといえば、黄色や緑色など色彩鮮やかな色はコンテナ船社が利用し、リースコンテナはどちらかといえば暗い色を使っている。

「コンテナは世界中で、都市でも郊外でもどこでも走る広告塔となる。そうであれば、派手なマゼンタなら目立つし、格好の宣伝になる」

こうした議論を経て、統合新会社のコーポレートカラーはマゼンタに決定した。

「日本の心は桜の花。桜色に近いマゼンタはちょうどいい」

海外ではこうした説明もなされた。

「あのピンクのコンテナはなんだ？」

サービス開始を前にして、マゼンタカラーのコンテナが大量に生産され、それがサービス開始に伴って世界各国を駆け巡ることになり、あっという間に新会社ＯＮＥの名前は認知されるようになった。

最初は違和感あった社名

社名についても議論があった。業界関係者の間では事前にさまざまな名前が噂された。特にコンテナ船社が３社から１社に統合して発足することもあり、新社名には「Ｊａｐａｎが使われるのでは？」との予想があった。

日本ライナーシステム（Nippon Liner System）という会社が存在したこともあり、次は「Japan」が使われるのでは、というのが予想の根拠だった。

ところが、発表された新社名は、Ocean Network Express（オーシャン・ネットワーク・エクスプレス）、通称ONE。これは関係者にとって意外だった。実際、3社関係者も、「社名候補のリストを見たとき、ONEという名前には物流企業のような印象を受けた」と話す。

ただ、3社が一つになり、ナンバーワンをめざして唯一無二の存在になる。それにはONEが一番、相応しい。そんな思いから発案された。ONEが先にあり、そこからOcean Network Expressという社名が生み出された。

ONE以外にも「Japan」が入ったものや、定期船会社を意味する「Line」をつけたものなど無数の候補案があり、絞り込まれて3社トップによる会合でONEに決まった。

「3社トップだけの重要会合は3回だけだった」と日本郵船の内藤は振り返る。その3回のうちの1回で新会社の社名がOcean Network Express（ONE）に決まったという。

色はマゼンタ、社名は「ONE」。異彩を放つこの2つは、発表時にはかなり違和感を与えたようだが、「物流企業のような社名」もしばらくするとすっかり定着し、いまではマゼンタを使っている唯一のコンテナ船社として、グローバル規模でその存在感を発揮している。その意味で、最も効果的な広告はマゼンタの色とONEという社名だったと言えるかもしれない。

「白いキャンパスに絵を描く」

各国独禁当局との折衝

3社統合が過去に例のないプロジェクトと言われたのは、まったく新しい統合会社をゼロから立ち上げたからだ。

海運会社の合併は過去にも数多い。2016年には、フランスのCMA CGMのシンガポールNOL買収や中国大手2社の合併、独ハパックロイドとクウェートUASCの合併があった。それ以前には、マースクとシーランド、CMAとCGM、商船三井とナビックスの合併などがあった。ただし、どのケースもどちらかの会社が存続会社として他社を吸収する形だった。

今回の統合は、3社のコンテナ船部門をスピンアウト（分離）し、それらを統合して新社を立ち上げるというスキームだった。日本郵船と商船三井はコンテナ船事業部門の本社機能を日本から海外に置いていたが、事業部門を分社化していたわけではなかった。実態としては分社化に近い体制にはなっていたが、あくまでもバーチャルであり、本体の1部門に留まっていた。

再編プロセスでは、まず3社のコンテナ船事業部門の受け皿となる新会社を設立する。その上で3社がそれぞれ事業部門をスピンアウトして、新会社に移管するというプロセスをとった。伝統ある3社のコンテナ船事業を継承しているとはいえ、登記上はまったくの新会社となる。

新会社をゼロから立ち上げる利点は大きい。最新のテクノロジーや仕組みをゼロから導入することが可能となる。既存の会社では優れた技術とわかっていても、すでにあるシステムや仕組みが邪魔をして、導入に時間がかかる。しかし、ゼロから会社を立ち上げるのであれば、システムでも組織でも一番優れたものを選択できる。

さらに、改善したくても容易に進まなかった旧い仕組みはリセットできる。ONEではさまざまな先端技術や仕組みを導入することができた。

「白いキャンバスに自由に絵を描ける」

ある関係者はこう話していたが、統合会社の中核を担う若手・中堅にとっては非常にやり甲斐の大きなチャレンジだったと思われる。

新会社をゼロから立ち上げるのは並大抵の苦労ではないが、日本郵船や商船三井はコンテナ船事業部門の本社機能を海外に移管していた経験が役に立ったため、すべて手探りだったわけではない。現地スタッフの活用方法や運営スタイルをどうするかなど、以前の経験から応用できる部分がたくさんあった。

　コンテナ船は世界規模で事業を展開するため、各地にそれぞれネットワークを構築し、それを有機的に運営していく必要がある。３社の事業部門を継承するとはいえ、新しい会社を立ち上げてそれを軌道に乗せるのは一筋縄ではいかない。

　特に各国の許認可取得には膨大な事務作業が必要となる。既存の合併でも許認可の取得には苦労が多いが、ましてゼロから立ち上げて新規に取得するとなると、難しさは桁違いとなる。

　例えば、中国では海外の海運会社に１００％出資の現地法人設立を認めているが、一定程度の営業年数を有する海運会社という条件がついていた。３社統合では、これが問題となった。ＯＮＥはまったく新しい会社だったからだ。

　最終的にＯＮＥでは、若干の現地資本を入れた上で中国法人を立ち上げ、事業認可を取得した。スタッフは各国ごとの細かい法規制を一つひとつクリアしていったが、本当に骨の折れる作業だった。

米国からの横槍

　２０１６年10月末時点で、新会社の規模は１５０万ＴＥＵで世界第６位。３社とも個別では船腹量でトップ10圏外だったのが、統合によって順位を一気に上げて６位に躍進した。

シェアも5%を大きく上回る数字を確保した。

従来、3社はいずれも2～3%程度のシェアで、上位船社と比べて存在感の薄さに苦しんできたが、5%以上であれば一定の購買力を確保できる。規模の面で統合効果は非常に大きいものだった。

各国の独占禁止法規制当局との兼ね合いを見ると、例えば欧州ではコンテナ海運会社のコンソーシアムについて2009年、競争法を適用しない市場占有率の上限を35%未満から30%未満に引き下げ、シェア計算方法を明確化していた。合併では、3社の統合会社のシェアを上回るCMA CGMによるNOL買収や中国COSCOとチャイナシッピングの合併が承認されていた。

ただ、特定航路のシェアについては、各国当局の判断に委ねられる。こうした事案も統合の妨げになるケースは多くはないが、審査のために一定の時間が必要となる。邦船3社の統合決断から2016年の発表までかなり短時間だったのは、2018年4月サービス開始を大前提に各国当局による審査時間を考慮したためだった。

統合発表を経て、3社は粛々と各国当局に統合手続きの申請を開始した。日本や欧州、中国など新会社が活動する地域では特に問題はないと見られていたが、予想外のところで足止めされる。コンテナ船業界にとって最大市場である北米、つまり米国から横槍が入ったのだ。

3社は当初、米国では米連邦海事委員会（FMC）にコンテナ船事業統合に関する3社協定書を届け出たが、17年5月までに差し戻されていた。

3社が実際の統合より前から統合企業として活動することの許可を求めていたのだが、「統合新会社の設立を審査・承認する権限を持たない」との理由で差し戻された。このため、3社のコンテナ船統合は、米司法省と連邦取引委員会（FTC）に委ねられることになった。

米司法省はその後、3社統合に関する民事調査請求（CID）に基づく調査を開始した。3社統合によって一部の特定品目のシェアが高くなって競争上、問題がある、と一部事業者が申し立てたからだ。米国発日本向け食肉のシェアがONE統合で9割近くになることが問題にされたようだ。

3社は司法省の調査に協力し、データや資料を提出するなど対応に追われた。米司法省が調査を終了したのは、2017年10月23日。同省は内容を精査し、問題ないとして23日付で無条件で調査終了を3社に伝えた。

この結果、3社統合会社は24日以降、北米航路に関係する顧客への営業活動が可能となった。ただ、米国での体制立ち上げが遅れたことで、その後、困難に直面することになる。

思わぬトラブル続出

準備不足と人手不足

２０１８年４月、ＯＮＥが正式にサービスを開始した。

最初は散々な立ち上がりだった。船積み書類が貨物到着直前になっても届かない、問い合わせをしても混乱していて対応が不十分、輸出貨物の動向が不明、などなど。世界トップクラスのコンテナ船社として事業を立ち上げたものの、肝心の輸送サービスで混乱が生じ、出だしから苦戦した。

「海外船社に比べて価格面では見劣りするケースもあるが、カスタマーサポートを含めてすべてきっちり対応してくれるし、高品質なサービスを提供してくれる。万全の安心感をもって任せられる」

これは、日本のコンテナ船社３社への日系顧客の従来の評価だった。こうした高い信頼感を受け継いで新会社としてスタートしたものの、出だしの躓《つまず》きで信頼に傷がついた。トラブルの原因はいろいろ言われているが、結局、サービス開始に向けた準備不足と人員不足のせいだった。

ＯＮＥは、基幹業務システムとして日本郵船が導入していた「ＯＰＵＳ」を採用した。

ブッキングも同システムに沿ったSOP（標準作業手続き）で行われるが、日本郵船以外の2社のスタッフにとっては初めてのシステムであるため、習熟に一定の時間が必要となった。そこで各出身母体に専属トレーナーを置くなど、事前に習熟するための仕組みを準備していた。

しかし、3社から新会社へのスタッフの移行が遅れたことで、システム習熟のための準備期間が足りず、トラブルにつながった。特に海外、中でも最大市場であり、ONEにとっても最重要地域だった米国での人員移管が、司法省による調査が10月下旬まで続いたことで大幅に遅れたため、事態は深刻だった。

米国人スタッフは引っ越しを伴う転勤を嫌うため、統合に伴って少なくない数の離職者が出た。ある程度予想されてはいたものの、競争法による制約によって対応が後手に回った。

3社で4社分の仕事をこなす

新会社を立ち上げた後、順次、3社からのスタッフの移管が進んだが、競争法の縛り以外に移管の遅れには原因があった。3社の事情である。これまで3社はそれぞれコンテナ船事業を運営しており、それぞれの責任で船荷証券を発行し、コンテナを輸送して、運賃など諸費用を回収して収益を上げていた。

新会社が立ち上がれば3社の業務は終わり、という訳にはいかない。新会社発足寸前の3月中に3社が輸送を引き受けた場合、業務はＯＮＥに移行したから、「もう輸送責任はない」とはならない。物理的な輸送は新会社に引き継がれるが、運賃回収など精算業務は3社が個別に行う必要がある。過去の輸送契約分の運賃回収も必要となる。コンテナやベンダーとの輸送契約も18年3月末までは有効なので、そうした部分の調整もある。

これまでの取引関係を無事に終え、料金回収を含めてすべてを手仕舞いするための業務が必要となる。コンテナ船事業部門は分離して新会社に移行するが、どうしても旧社の清算業務も一定程度、残ることになる。こうした最後に残された清算業務を担当する人員も一定程度、必要となった。

新会社側からすれば、準備のために一刻も早く3社から人員を移管してほしいのだが、3社のコンテナ船事業部門は、清算業務のためにスタッフに残って作業をしてもらうことが必要だった。

移管スケジュールを立てていても、予期せぬトラブルなどで移管が遅れてしまうことも多かった。「この案件を処理してから移管する」となってしまいがちで、ずるずると時間が経ってしまう。こうした事情から、新会社の人員不足は長引いた。

この他、システムのコアデータの整合性を確認するのに時間を要した。例えばコンテナの取扱量だ。コンテナの単位はＴＥＵ。つまり20フィートコンテナ当たりですべてをカウントしている。これは世界共通であり、どのコンテナ船社であっても同じ基準を使っている。

ただし、細かい部分では船社によってカウントの仕方が異なったりする。例えば45フィートコンテナの扱いをどうするのか、特殊コンテナへの対応など、こうした細かい点について3社で微妙な差があった。そうした差を放置すると、正確なデータ集計ができない。3社のコアデータをどう整合性を取りながら統一するかで、ある程度の時間がかかった。

「3社それぞれ2018年3月31日まではコンテナ船事業を運営し、4月1日から一気に新会社に切り替えたが、まったく前例のないオペレーションだった。ONEになったからと言って、3社の業務が終わったわけではない。半年ぐらいは残務も抱えていた。いわば3社の要員で4社分の業務をやっているようなものだった。どうしても無理が出る」

商船三井の池田潤一郎は、サービス開始後の苦境の理由をこう述べた。

サービス開始2年目で黒字化達成

「赤字が出るのは良いこと」

ONEにとって最初の決算となった2019年3月期（18年4月-19年3月）の業績は、褒められるものではなかった。売上高が108億8000万ドル、税引き後損益が5億

8600万ドルの赤字だった。赤字額は日本円で約600億円に上った。準備不足に起因した初年度の混乱が原因だった。

ONEはサービスを開始した2018年4月末に、5カ年計画（2018〜2022年度）を公表した。その時点ではサービス開始初年度である2018年度は売上高131億6000万ドル、純利益は1億1100万ドルという予想値を出していた。実績は売上高で20億ドル少なく、収益では7億ドルも下振れした。結果として大きく予想を外れ、散々のスタートとなった。

計画では3年目の20年度は売上高141億9300万ドル、純利益6億4800万ドル（約706億円）という数字を明らかにしていたが、計画発表の時点では正直、目標達成は難しいという見方が強かった。

初年度の躓きは、ONEの現場で奮闘しているスタッフに対してだけではなく、送り出した3社側にも批判の矛先が向かった。機関投資家などからみれば、ONE発足は邦船3社にとって長年の課題のソリューションになるという期待が高かった。それだけに、旧3社時代の赤字額をほぼそのまま足したような結果には、当然のように強い不満の声が聞こえてきた。

統合会社のマネジメントがいかに大変かを知る経営者も少数いる。日本郵船の内藤忠顕は当時、ある会合で旧知の財界人からこう言われた。

「3社統合は本当に難しい。でも初年度に赤字が出るのは良いことだ。（統合プロジェクトは）間違っていないから是非、頑張ってほしい」

「600億円以上の赤字が出たときは本当につらかったので、この激励は本当にうれしかった。本音を言えば、もう後がない。ここで奮起して頑張ってくれ、と祈っていた」

内藤はこう述懐する。

ONEの出足の躓きは、他の合併事例と比べてどう評価すべきなのだろう。

中国のCOSCOとチャイナシッピングの合併では、コンテナだけでなくタンカー、ばら積み船などを網羅し、世界最大の海運会社グループとなる新生COSCOグループが発足した。コンテナ船部門についてはグループ会社の一つで香港に上場しているCOSCOシッピングHDを傘下に納める形となった。

グループ再編を実現した最初の決算である2016年12月期は、売上高は合併効果で大幅増となったものの、最終損益が99億人民元の赤字（前年は4億6900万元の黒字）となった。COSCOシッピングHDはコンテナ船だけでなく港湾事業も手がけているものの、赤字の大半はコンテナ船事業に伴うものだった。

2004年にマースクが英国のP＆Oネドロイドを買収したときも、初年度は苦しんだ。初年度の2006年12月期のマースクのコンテナ船部門の業績は、営業利益が93％減の7億4400万クローネ（約156億円、1クローネ＝約21円）、最終損益は前年の黒字から33億7500万クローネの赤字に転落した。

コンテナ積み高は前年の2社実績をほぼ足した数字である610万FEUだった。一見すると問題ないように見えるが、当時のコンテナ船市況は毎年、高い成長を続けており、普通であれば積み高は伸びる見込みだったが、実際には、合併を嫌って一定程度、逃げた顧客層がいたのだろう。日本でもマースクとの合併でP&Oネドロイドの顧客が大量離反したという話もあった。

以上の2つのケースと比較すると、ONEの初年度は意外に健闘したとも言える。

基幹システムは日本郵船のOPUS

基幹システムには日本郵船のOPUSを採用したが、これは2016年10月31日の統合発表時点ですでに決まっていた。

企業の合併・統合時には基幹システムを巡って、熾烈な主導権争いが繰り広げられる。基幹システムは企業の肝であるため、各社は自社システムの優位性を主張する。システムに精通した経営幹部が多くないため、結果として中途半端な妥協で最悪の結果となるケースが多い。

ONEの場合、結果的にスタッフの習熟の問題を除けば深刻なトラブルにならず、基幹システムを巡る争いも起きなかった。

「郵船のＯＰＵＳが一番、新しかった。それに尽きる」

関係者はこう説明する。

当時、日本郵船はコンテナ船部門の基幹システムとしてＯＰＵＳを導入した直後で、3社の中では最新鋭のシステムだった。他の2社は古くからのシステムを使っており、商船三井がちょうど刷新のためのプロジェクトチームを立ち上げて動き出した矢先だった。

コンテナ船部門の関係者であれば、基幹システムがいかに重要かは誰でも分かる。他の2社から特に大きな異論が出なかったことから、ＯＰＵＳを擁する日本郵船が中心となって作業を進めた。基幹システムに関して過去に手ひどい失敗をしたのも同社だった。

同社は２００８年までに、コンテナ船の基幹システムＯＳＣＡＲの導入を完了した。海外の海運会社が使っていた評判が高いシステムをアレンジして導入しようと試みた。ところが、システム改修がネックとなり、開発が難航する。２００８年度に７１３億円の特別損失を計上したが、そのうちの１４７億円はコンテナ船部門の基幹システム開発費用の損失処理だった。

新システムＯＰＵＳを導入する際、前回のＯＳＣＡＲ導入時の教訓を生かして進めた。このとき、システム導入で旗振り役となったのが岩井だった。

岩井は入社した１９９１年に最初に配属されたのは、同社のシステム子会社であるＮＹＫシステム総研だった。ここで岩井は会計システムなどを担当した。文系出身の岩井は、システム開発のイロハを徹底して学んだ。その後、ＯＰＵＳ導入も経験した岩井がＯＮＥのシステム導入で中心になったのは当然だった。

「当時のシステムはナイト（夜間）バッチで処理をしていたが、うまく処理できず、朝、トラブルの電話がかかってきて対応していた。こうしたトラブル処理を経験できたことで、結果としてシステムの勘所がよくわかるようになった」

岩井はこう語る。

統合会社での基幹システム構築に当たっては、ＯＳＣＡＲ開発を経験したスタッフが多数参加した。ＯＳＣＡＲで失敗した経験が、結果的に統合会社が円滑にシステムを構築する大きな手助けとなった。

ＯＮＥでは、メールシステムでグーグルのGmailを導入した。親会社３社は揃ってマイクロソフトOutlookを採用している。ＯＮＥがGmailを導入した理由は、「せっかくだから新しいものを」（岩井）という考えからだった。

海運大手３社はそれぞれ１００年を超える歴史と伝統があり、様々な成功と失敗を経験してきた。その３社から新しく生まれた「出島組織」は、過去の失敗の経験をしっかり受け継ぐ。これは、これまでの日本企業の事業統合にはなかったパターンと言えるかもしれない。

無駄な競争からの開放

これまで激しい競争をしてきた営業部門をすんなり統合できるのか、当初は懐疑的な見方もあった。長く邦船社コンテナ船部門で集荷営業を担当し、現場で統合作業にも深く関わった関係者はこう話す。

「意外とすんなり融合できた。あのお客さんからはこういう要望があった、別のお客さんからにはこうしたニーズがあった、など、共有できるものが多かった」

3社それぞれ使ってきた用語や計算方法の違いなどはあったものの、

「共有できる部分が多かったので、むしろすんなりいけたのではないか」

そして、こう付け加えた。

「日本勢同士で競って疲弊していたので、無駄な争いをするよりも良かったのではないかと思っている」

別の視点から見れば、日本企業も邦船3社と海外海運会社を使い分けていた部分があった。安さや合理的な面では積極的に海外勢を使いながら、日本勢には最後の駆け込み寺的な役割を求めていた印象がある。

日本企業から見れば、3社の方が融通がきくはずという認識から、海外勢には頼めない無理筋を依頼することがあった。そうした無理難題も、それ相応の見返りがあればいいのだが、コンテナ船に限って言えば、そうした旨みが少なくなっていたようだ。

これは日本に限ったことではない。韓国ではサムスンやLGなど日本勢より勢いのある荷主企業が成長したが、それだけに韓国系海運大手の苦労は並大抵ではないと聞く。自国の荷主企業が強いのは海運会社にとって心強いが、必ずしもそれが利点ばかりではないのだ。

コロナ禍前に事業基盤を確立

2018年度は立ち上げ当初の混乱に加え、旧3社から引き継いだバラバラの輸送契約など「レガシーコスト」(負の遺産)も足を引っ張った。これらの影響もあって、サービス開始初年度の2018年度は大幅な赤字を計上した。

ただ、こうしたレガシーコストも時間がたてばなくなる。実際、2019年度に入るとバラバラだった契約も一本化され、旧体制からの負の遺産がほぼ一掃された。既に2018年下期には混乱も概ね収束していた。2019年6月以降は運営体制も安定して、当初の目的であった一体運営を順調に進めることができた。

その成果もあり、2019年度第1四半期の最終損益が初めて黒字に転換する。結局、2019年度は、最終損益で約100億円の黒字を計上できた。大型船の不足というハンディキャップはあったものの、サービス開始1年で、事業運営体制を競合大手船社に比べても遜色のないレベルまで引き上げることができたことが大きく貢献した。

何よりも統合決定から5カ年のロードマップを事前にしっかり作成し、それに沿って進むべき道筋が決まっていたのも大きかった。サービス開始2年目までに主なトラブルを収束させ、事業基盤をしっかり確立することができた。

ONEにとって大きな勝負の年であるサービス開始3年目を迎えたとき、突如として襲ってきたのが、新型コロナウイルス感染拡大による物流の世界的な大混乱だった。結果的には2年目までに組織体制を軌道に乗せていたことで、ONEはこの未曾有の混乱にもしっかり対応できた。

そうした点から見れば、異例のスピードで進められた邦船3社のコンテナ船事業統合という決断は、絶妙な時期に下されたものだったと言える。

COLUMN

海運同盟と航路安定化協定

実質的には効力を持たなくなったものの、コンテナを含む定期船輸送部門ではカルテルに対する独占禁止法の適用除外が今でも形式上は認められている。このカルテルを「海運同盟」と呼ぶ。

海運同盟は、参入規制や価格設定などの手段を通じた市場の安定化を主目的としており、会員船社間で運賃協定と配船協定が結ばれていた。運賃協定は、会員が商品別の輸送運賃を決めるために締結する。配船契約には航路に投入する積載量（トン数）、航海数、寄港地、運航スケジュール、積載貨物を調整する役割があった。

協定で決められた運賃（タリフ）が公開される一方、タリフより安い運賃を提示する海運会社への対抗措置や監視制度も用意されていた。

海運同盟が定期船市場において支配的である状況が大きく変化したのは、コンテナ化の進展が大きい。コンテナを標準とすることに伴って参入障壁が低下し、途上国船社や盟外船社の存在が無視できなくなった。

さらに、1980年のシーランドの海運同盟からの脱退や1984年米国海運法の成立が海運同盟による参入規制や価格設定の機能を実質的に骨抜きにした。

同法は海運同盟の存在と競争法適用除外を認めながら、加盟船社が同盟への報告なしに荷主と個別に運賃やサービスに関する契約を結ぶことを認めた。また、海運会社が荷主と長期契約を結ぶ権利も承認した。これで同盟に属する船社が荷主やフォワーダー（貨物利用運送事業者）との間で長期契約に基づくボリュームディスカウントが可能となり、他にも同盟の運賃拘束力を失わせる内容が含まれていた。

「(海事法の成立は）衝撃的だった。それでなくても脆弱な同盟組織は、これで壊滅的となった」

かつて商船三井で北米航路の同盟交渉に携った元同社副社長の佐藤博之はこう回想する。

これを受けて、海運同盟に属する船社は、同盟に属さない盟外船社を勧誘して「航路安定化協定」や「協議協定」を締結した。代表的な例として、1989年に北米航路の安定化を図る海運会社13社（同盟船社9社、盟外船社4社）によって結成された太平洋航路安定化協定（TSA）が挙げられる。

これらの目的は、航路の需給動向に関する情報を交換し、運賃修復やサーチャージのガイドラインを発表することにあった。しかし、これら協定は運賃に対して直接拘束力を持たず、運賃上げを勧告しても効果は短期的なものにとどまることが多かった。

その後、2008年にEUも海運同盟に対する競争法適用除外を廃止しており、コンテナ輸送において海運同盟が関係してくる場面は現在では見られない。航路安定化協定や協議協定もすでに役目を終えており、TSAも2018年に解散している。

コロナ禍によるサプライチェーンの混乱によって、カリフォルニア沖で立ち往生するコンテナ船の群れ
2021年10月　（写真提供：ロイター／アフロ）

第 4 章

新天地とコロナ禍

シンガポールでの基盤整備

シンガポール港の専用ターミナル

日中のシンガポールは南国だから日差しも強く、蒸し暑さも感じられる。たまにスコールのような激しい雨も降るが、それでも数時間で止み、あとは少しヒンヤリと感じられる。四季のある日本に比べると、南国のシンガポールはいつも同じ気候なので、あまり季節感がない。とはいえ、日本の夏の猛暑はいまや耐え難いレベルになりつつあり、南国とはいえスコールもあって適度な暑さのシンガポールの方がよほど住みやすいと感じる日本人も多い。

東西貿易の中継点であるシンガポールは、コンテナ取扱量で2005年から世界第1位を誇っていた。2010年に上海に首位の座を明け渡したものの、いまも世界第2位のコンテナ港として盤石な地位を維持している。

1990年代にシンガポールとトップを競っていたライバル香港がいまや10位(2021年実績)に後退するなか、シンガポールは港湾運営でも船社を誘致したり自動化を進めたりするなど工夫しながら、物流ハブとしての地位を維持している。

コンテナ船からコンテナを揚げ積みするガントリークレーンも自動化している他、環境配慮のため荷役機器の燃料にＬＮＧを採用するなど、何事にも積極的に取り組んでいる。

そのシンガポール中心部から車で15分ほどの島の西側に、シンガポールの誇る主力コンテナ・ターミナル群であるパシールパンジャン・ターミナルが存在する。

シンガポールのコンテナ・ターミナルは大きく分けて、島のやや西側に位置するこのパシールパンジャン・ターミナルと、島の中心部にあるシティの2カ所に分かれている。さらに現在、西端のトゥアス地区に新ターミナルの整備を進めており、その一部は２０２０年から稼働している。

シティ・ターミナルは徐々に閉鎖し、トゥアス地区に機能を移管中だ。２０４０年までにはコンテナ・ターミナルはすべてトゥアスに集約する予定だが、それまでしばらくはパシールパンジャンがシンガポール港にとって中核的なターミナルとしての役割を果たすことになる。

ＯＮＥはサービス開始後まもない２０１８年12月、シンガポールのコンテナ・ターミナル運営最大手ＰＳＡと合弁会社を設立すると発表した。ＰＳＡが運営するシンガポール港パシールパンジャン・ターミナルの中の４バースで、ＯＮＥ専用ターミナルを共同運営している。

このターミナルの名称は、ＯＮＥのコーポレートカラーから取った「マゼンタ・シンガポール・ターミナル」。サービス開始間もないＯＮＥにとって、自社専用ターミナルを持つのはシンガポールが初めてだった。

コンテナ船を運航する船社にとって、船と同じく欠かせないのが港湾、すなわちコンテナ・ターミナルの存在である。コンテナ船は自力では荷役ができず、港の設備であるガントリークレーンなどでコンテナ船にコンテナの揚げ積みを行っている。

海上から陸上まで行き来するコンテナ輸送にとって、港にあるコンテナ・ターミナルは陸海の結節点として重要な役割を果たしている。そのため、主要な船社は主要港湾には自社ターミナルを確保し、結節点での物流の円滑化に努めている。ONEの前身の邦船3社はそれぞれ北米西岸のロサンゼルス・ロングビーチ港などに専用ターミナルを確保し、物流をコントロールする体制を構築してきた。

ただ、競合相手であるデンマークのマースクや中国のCOSCO、仏CMA CGMなどは米国や欧州など需要地に加え、シンガポールやマレーシアなどのアジア側のハブ港に専用ターミナルを持ち、サプライチェーン全体を一貫してコントロールする体制を確立している。

これらの船社が各地で専用ターミナルを押さえられる理由は、一つは資金的な裏付け、もう一つは規模の大きさからのバーゲニング・パワーだった。

港湾の立場では、できるだけ多くの船が寄港することで貨物の取扱量増加を期待する。特定の船社に港の一部を専用エリアとして貸与するからには、それ相応の見返り、つまり一定規模の貨物量が求められる。マースクやCOSCO、CMA CGMなどはいずれも世界トップ10の上位船社であり、取扱量も大きいことから、専用ターミナルを提供されている。

邦船3社が単独でコンテナ船事業を運営していた時代には、1社当たりの規模が世界で10位前後だったため、マースクなどとは比較にならなかった。ONEが発足したことで規模が単純計算で3倍となり、規模のメリットを生かせるバーゲニング・パワーを手に入れた。その結果、世界第2位のコンテナ取扱量を誇るシンガポール港で専用ターミナルを確保することができたのだ。

地元への貢献

ONEにとってシンガポール港で専用ターミナルを確保したこと以上に大きかったのは、シンガポール政府との関係構築だった。

ONEは邦船3社が出資したコンテナ船を運航する海運会社であり、資本構成から見れば日本企業だ。だが、3社が出資する持ち株会社が東京にあるとはいえ、実質的にコンテナ船の運航や事業計画の立案など会社としての本社機能はシンガポールにあるOcean Network Express Pte. Ltd. が担っている。つまり、日本企業であるとともに、シンガポール企業でもあるのだ。

シンガポール港のONE専用ターミナルに積まれたコンテナの山　（写真提供：ONE）

本拠地をシンガポールに置くからには、場所だけ間借りしてあとは自由にやらせてもらうという訳にはいかない。シンガポール企業としての役割も果たし、人材雇用や港の利用などさまざまな形で地元シンガポールに貢献することが不可欠だ。

世界的にみてシンガポールは、税制から情報、人材などあらゆる面で海運業を営む上でのメリットが大きい。そのため、多くの海運企業が進出している。ONEとしてもシンガポール政府と戦略的な関係を結ぶことをめざし、地元に貢献する存在として振る舞ってきた。

シンガポール側にとっても、ONEがシンガポールの海運会社であることには大きなメリットがある。2022年現在、世界規模でサービスを展開しているコンテナ海運会社は約10社ある。そのうち主要海運会社はＯＮＥを含めて7社だ。20社以上の海運会社が存在した10年前に比べると、半数以下になっている。

かつてシンガポールにはＮＯＬというコンテナ海運会社があり、米国の名門海運会社ＡＰＬを買収するなど、北米航路を中心に強い存在感を示していた。それがリーマン・ショック後の海運不況で業績が悪化したことから、親会社である政府系ファンドのテマセクが、ＮＯＬ保有株をフランスのＣＭＡ ＣＧＭに売却している。シンガポールにはアジア域内やアフリカ航路に強みをもつＰＩＬという海運会社はあるが、規模も小さく存在感はそれほど大きくない。

シンガポールは世界の海運業の中心地の一つであり、マースクやＣＭＡ ＣＧＭなど数多くのプレーヤーが拠点を置くものの、あくまで支店・地域拠点の位置付けにすぎなかった。だから、資本構成上は純粋な日本企業とはいえ、シンガポールに本拠を置くＯＮＥは、海運政策上、欠かせない存在になっているのだ。

ＯＮＥは２０１８年以降、専用ターミナル契約を結んだのを皮切りに、シンガポール海事港湾庁が海事産業の脱炭素化に向けて立ち上げたファンドへの出資、シンガポール国立大学リー・クアン・ユー公共政策大学院（ＬＫＹスクール）の奨学金制度と社会的流動性基金（ＳＭＦ）への寄付など、関係構築に向けた地道な活動を進めている。

新型コロナウイルス感染症が世界的に広がった２０２０年、シンガポール政府は4月7

日から5月4日までの約1カ月間、大半の職場や学校を閉鎖する「サーキットブレーカー」の発動を宣言した。しかし、海運・港湾企業は基幹サービス業種として閉鎖対象から除外された。

特にONEは事務所での勤務を認められるなど、シンガポールにとって欠かせない企業として大切に取り扱われた。

400人を1フロアに

シンガポールの空の玄関口であるチャンギ国際空港はシンガポール本島の東端に位置し、中心部となるマリーナベイまでは車で20分ほど要する。マリーナベイには、3つの高層ビルを船形の屋上でつないでいるカジノなどを含む総合型リゾート施設マリーナベイ・サンズやマーライオン像などの観光スポットの他、北側には高層ビルが立ち並ぶ金融街がある。

この金融街の一角に、34階建ての住宅棟2棟と30階建てビジネス棟2棟で構成されるマリーナワンという大型複合施設がある。テマセクなどが開発した施設であり、ビジネス棟には多くの金融機関が入居している。日本の大手銀行も支店を構えている。

このマリーナワンのビジネス棟の一つ、East Towerの16階と17階に、ONEの本社がある。16階は受付や来客用の会議室からなるが、その中央にはコンテナを模したマゼンタの会議室があるなど、かなり特徴的な作りとなっている。

ONE社内の風景　（写真撮影：幡野武彦）

17階は1フロアすべてが執務フロアとなっており、ここにONEのシンガポール拠点のスタッフが勤務している。[19]

従来、シンガポールに拠点を置く海運会社は、タンジョンパガー地区などに集まっていた。マリーナベイ地区にある複合施設に入居したONEの選択は、その点で意外に思われたようだ。

「400人超の社員を1つのフロアに収容しようと考えたとき、選択肢としてはマリーナワンしかなかった」

岩井はこう説明するが、他の海運会社とは同じことをしないという新会社の基本方針に関わる意図がオフィスの選択にもあったのかもしれない。

「企業文化」の醸成

新会社としての一体感を出す。そのためONEが最も腐心したのは「企業文化」の醸成だった。

一般的な企業合併や事業統合では、まず規模拡大などが重視されがちだ。装置産業の場合、特にその傾向が強い。その結果、「仏作って魂入れず」となって内部での主導権争いに終始するケースが少なくない。

ONEでは、まず企業理念となる8つのコアバリューを作成した。シンガポール本社スタッフの出身国籍は発足当時で16カ国、2022年には19カ国に広がった。さまざまな分野のエキスパートが集まる多様な環境となっている。多様な人材の力を最大限に発揮できる企業風土の醸成のために、細かな工夫を凝らした。

オフィスに入って目につく特徴は、執務フロアにある会議室や幹部用の個室などが、すべて外から見えるようガラス張りに設計されていることだ。ONEは3社の統合会社であると同時に、多国籍スタッフの集合体だ。誰がみても透明性のある社内環境とするため、いつどこで誰が何をしているのかが全員にわかるようにしている。

合併会社では、同じ出身会社同士で集まり、物事を決めてしまうといった悪弊をよく聞く。別に日本企業だけでなく欧米諸国でもでもよくあることで、一層露骨な場合もあるという。ガラス張りは、そんな悪弊で社内が疑心暗鬼になるのを回避するちょっとした知恵

図表4-1　8つのコアバリュー

Lean & Agile	これまでの慣例を打破してアイデアをすばやく現実化
Best Practice	絶え間なく改善を続けて最良のサービスを提供
Quality	常にお客様の期待を上回る品質を追求
Innovation	自ら革新し続けることで、お客様とONEの持続的成長を支える
Teamwork	個々の多様性を認め、新たな価値を協創できるチームを作り上げる
Challenge	個々の強みを生かし、失敗を恐れず挑み続ける
Reliability	プロフェッショナルとして、安定したサービスを継続的に提供する
Customer Satisfaction	常にお客様のニーズを深く理解し、期待値を超える満足を提供するために妥協しない

だ。

社員の福利厚生の一環として、フロアの15階にはカフェスペースを設置してランチや雑談ができる場所を作った。バリスタを置いて無料でコーヒーやカフェラテなども提供している。

夕方5時以降になると、カフェスペースの一角にあるビールサーバーから自分で注いで飲むこともできる。多国籍の幹部や社員が飲みながら議論する風景が連日見られる。

「ONEには、古き良き昭和の〝ワイガヤ〟が残っている」

2021年に中途入社した広報担当の塩見寿一は、ONEの雰囲気についてこう話す。金融機関で海運を担当していた塩見は、日本人幹部社員としてONEが外部からスカウトした第1号だ。

塩見から見たONEは、多くの日本企業から

ONE本社のカフェで開かれた社内イベント　（写真提供：ONE）

すでに失われて久しい古き良き文化をDNAとして受け継いでいる会社なのだ。

「規模は大きいが、社風としてはベンチャー企業に加わったような覚悟をして入社してください」

入社時、塩見はこう念を押されたという。実際に入ってみると、規模に比べて本社組織はシンプルであり、スタートアップ企業に近い感覚だという。

オフィスの執務用のデスクには、スタンディングデスクが導入されている。北欧などで流行ったスタンディングデスクだが、文字通り、立って働くことができる。長時間のパソコン作業などは腰に負担がかかるため、日本でも導入した企業も多い。

ただ、スタンディングデスクは集中力を高めて運動不足解消につながる一方で、長時間の作業ができないデメリットがある。ONEではスタンディングデスク用の椅子を導入し、社員が自由に立ったり、座ったりできるようにした。

スタンディングデスクのもう一つのメリットがある。

「立ち話をするとき、あえてデスクから立ち上がらなくても済むのが大きい」

岩井はその効用を語る。

オフィスで仕事をしているとき、他の社員がやってきて話をするとき、デスクから立ち上がって会話することが多い。スタンディングデスクであれば、座っていても目線は同じ高さなので、そのまま自然に会話できる。こうした社員同士のコミュニケーションにも、きめ細かな配慮がなされている。

Operational Efficiency

4割増と4倍

ONE発足のきっかけは、2010年代の世界的なコンテナ市況の低迷だった。リーマン・ショックによる世界経済への打撃を契機にコンテナ輸送量が一時的に激減した。原油価格上昇に伴うコスト増加もあり、世界のコンテナ船社は船の大型化などによる規模拡大による状況打開を試みた。ところが、それが逆に運賃市況の下落という負のスパイラルに陥る結果をもたらし、どの会社も例外なく苦境に陥った。

世界の上位会社とは対照的に、邦船3社は規模ではなく、質の追求に努めることになった。事業の効率化である。日本郵船は一連の改革によって年間200億〜300億円単位の収支改善を実現した。

ところが、この間に、上位船社との規模の差が拡大したことが、日本の船社にとって致命的だった。事業規模が世界で戦うには小さすぎた。2008年当時、邦船3社コンテナ船部門の規模（運航船の船腹量）は合わせて約100万TEUだった。コンテナ船事業の統合を発表した2016年には、3社の規模は約140万TEUと4割増えていた。

一方、世界のコンテナ船社の船腹量は、2008年から16年までに約4倍と飛躍的な増加を遂げていた。日本側がいくら効率化を進めたとはいえ、彼我の4割増と4倍では勝負にならない。

3社統合によってグローバル競争に生き残るために必要な一定の規模を確保した結果、2016年の統合発表時でようやく世界ランキングの6位に浮上した。ギリギリではあるが、なんとか上位から脱落せずにいける最低限のポジションは確保した。

「鳥プロジェクト」

ONE発足によって一定の規模を確保した次の目標が、事業運営の効率化だった。3社で協議した結果、効率化で先頭を走っていた日本郵船の「鳥プロジェクト」を新会社にも導入することになった。

日本郵船は2012年頃からコンテナ船事業の構造改革のため、コンテナ輸送の根幹であるコンテナ機器の効率的な運用や燃費削減など、さまざまな取り組みをプロジェクト化した。個別のプロジェクトはIBISやEAGLE、CRANEなどと命名され、全体で鳥プロジェクトと呼ばれるようになった。

このプロジェクトを発案し、実際に実行して定着させた中心人物は岩井だった。この鳥プロジェクトを郵船時代の岩井のように、ONEでは若手が移植する先頭に立った。

最も早くスタートしたIBISは、運航している各コンテナ船の運航を限りなく最適化し、燃料の節減を図るものだ。具体的には、各船の運航状況から気象状況を予想し、どのルートを辿れば無駄なく運航できるかを探求していくプロジェクトである。

大型コンテナ船では、1隻当たり100トン以上の燃料を消費する。2011年度のトン当たりの平均燃料油価格は700ドル弱だったため、1日の航海で5%の燃費削減が実現すると、部門全体で年間数十億円単位のコスト削減になる。燃料費削減は当然やるべきことだが、実際にこれに取り組むとなると意外に難しい。

コンテナ船では、運航部門の海技者が日々のオペレーションを行い、マーケティング部門がスケジュールを見ながら本船へのスピードアップなどの指示や目的地までの港の変更などの判断を担当する。

この役割分担は海運会社に共通している。海上社員は商船系大学出身の海技士免許を持った人間であり、マーケティング部門はいわゆる陸上社員、すなわち一般大学を卒業した社員で構成される。海上社員と陸上社員の違いは、航空会社でいうパイロット・整備士と一般社員の違いに近い。

本船の安全対策は実際に船に乗っている船長以外にも、船舶管理会社が手掛けている。コンテナ船の運航は、業務の一つひとつをとっても細分化・分業化されている。

全長400メートル近い巨大船を運航するため、業務の細分化は必然ではあるものの、結果として全体を俯瞰できずに部分最適に陥りがちだ。IBISプロジェクトのスタート時には、航海ごとの情報や燃料消費データを包括的に収集することにも苦労したという。

実際の現場では、港への到着予定日時に遅れないようにスピードを大幅にアップして本船を運航した結果、逆に予定より数日前に到着して沖待ちする、といったことさえある。こうして無駄に燃料が消費される。

「本船の遅延はマーケティング部門から文句を言われるから、燃料消費が増えても速度を上げて走らせている。コスト管理は本部マターなので気にしていない」

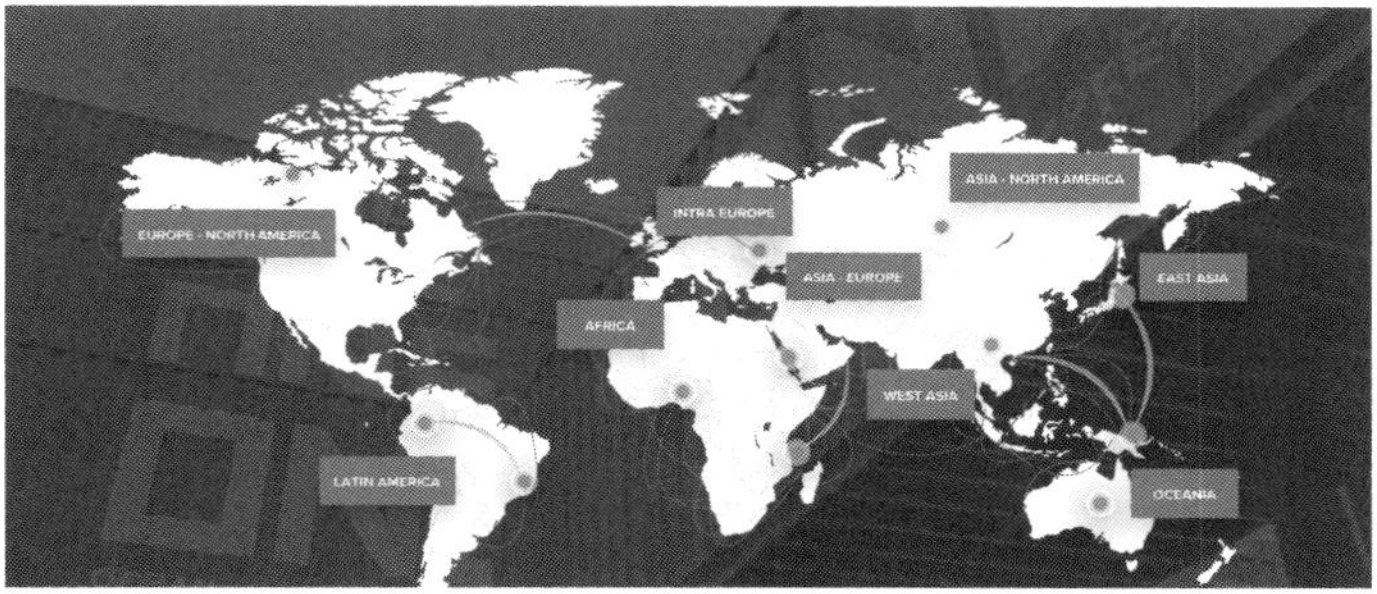

ONEのサービスネットワーク　（写真提供：ONE）

これまでは運航部門から、こんな本音も漏れていた。

ＩＢＩＳプロジェクトでは運航管理の権限を集約し、陸上から本船の航行などを細かく管理する手法に変更した。マーケティング部門からの課題をプロジェクトチームに共有させる一方、異常や遅延があったときにはプロジェクトチームが詳細な指示を出すことで全体を俯瞰しながら改善活動を進めていった。

また、プロジェクトには陸上社員だけでなく海技者や技術者が部門の壁を越えて協業できるようにすることで、効率化につながる新しい知見を収集することになった。

ＥＡＧＬＥプロジェクトは、需要予測などをもとにコンテナの最適配置をめざす取り組みである。一般的に、業界では「箱回し」という表現が使われる。コンテナ船事業で最重要の営業ツールの一つであるコンテナ（箱）をどう効率的に運用していくかを検討した。

日本のコンテナリゼーションは日本―北米西岸航路から始まり、その後、北米東岸、欧州など徐々に世界各地に航路網を張り巡らせてネットワークを拡充していった。当初は2、3の航路運営にとどまっていたが、事業規模が拡大するごとにネットワークが拡大し、運営も複雑化した。そのため、貨物を集める営業部門にしても航路ごとに分かれており、そこから輸出、輸入のチームごとにさらに細分化されていた。

船ではなく、コンテナで稼ぐ

コンテナ輸送は一般的に、アジアで作られた消費財を欧米の消費地に運ぶのが中心になっている。そのため、アジアから北米に向かう貨物に比べると、北米発アジア向けの量は圧倒的に少ない。

アジアから北米に貨物が積まれた100個のコンテナが動いても、北米からアジアに向けて貨物があるコンテナは30個ほどしかない、といった具合だ。

北米に空コンテナが70個も残っているため、アジアへの回送を担当するチームもある。一口にアジアといっても広いため、域内でのコンテナ融通を調整するチームは、さまざまな分業体制がとられている。

各チームはそれぞれ自分の分野では忠実に業務を遂行していくが、チームがそれぞれの最適を追求すればするほど、全体最適から程遠い部分最適に陥る可能性がある。

例えば、日本から米国に向かう貨物が2種類ある。一つはロサンゼルスまでの貨物で運賃は2000ドル、もう一つは中西部シカゴ向けで3500ドルと仮定する。二者択一であれば粗利の高い方を選ぶが、判断基準はそれだけではない。ロサンゼルス向けコンテナが米国に行って戻ってくるまでに約1カ月半、シカゴ向けは2カ月以上かかる。

両方とも貨物があるのは行きだけで、帰りは空コンテナとして船社が費用負担して戻すとする。そうするとロサンゼルス向けは年間8往復できるが、シカゴ向けは6往復になる。年間で考えれば、ロサンゼルス向けの方が2回多く稼げる。その2回を上回るほど、シカゴ向けが稼げるかどうかを考える必要がある。

逆にシカゴ向け運賃をいくらにするかは、ロサンゼルス向けなどと比較しながら内陸での輸送費用、空コンテナを戻すコストなどを考慮する。余剰コンテナを調整するチームと連携しながら、いかにアジアへ安くコンテナを戻すか、そのためには別の貨物を集荷する工夫も必要となる。

ここにコンテナ船輸送の本質がある。コンテナ輸送がタンカーやばら積み船など不定期船と異なるのは、商売道具、すなわちお金を稼ぐ道具が船ではなく、コンテナになるからだ。

コンテナ船事業は、無数に運用している1本当たりのコンテナ（箱）でどうやって収益を上げ、そのコンテナでいかに稼ぐかということに尽きる。それぞれのコンテナにしっかり稼いでもらうため、世界中にネットワークを張り巡らせ、多数のコンテナ船を運航し、必要に応じて港湾ターミナルや内陸拠点なども整備する。様々なコストをかけて1本1本のコンテナが稼ぐことで、事業を維持している。

ばら積み船であれば、できる限り船価が安いタイミングで船を造船所に発注することがビジネスの鍵になる。コストの多くを固定費、すなわち船価が占めるため、原価をすぐに弾き出せる。市況が上昇して原価を上回る運賃になれば儲かり、下回ると赤字になる。ビジネスの本質は極めてシンプルだ。

他方、コンテナ輸送の原価計算は、実はかなり難易度が高い。コンテナ輸送の商売道具、すなわち本質的にお金を稼ぐのが船ではなく、1本1本のコンテナであり、そのコンテナは海を越えて陸上においても動いてしまうため、管理が極めて難しい。

コストの安いコンテナ船を調達できれば他社との競争上も有利になることは間違いないが、それがコスト構造のすべてではない。船のコストだけでは商売の勝ち負けがつかないのがコンテナ輸送なのだ。

COLUMN

もうひとつのスタートアップ企業

ONE本社のあるマリーナワンから車で西に15分ほどいったクイーンズタウンに、シンガポール政府が力を入れる、ハイテク起業を促すインキュベーション施設「ブロック71」が存在する。このブロック71はもともとシンガポール国立大学が倉庫街にある取り壊し寸前だった古い建物を改造し、スタートアップ企業が入居するインキュベーション施設として2011年から営業している。そこにONEの関係会社ともいえるシンフォニー・クリエーティブ・ソリューションズ（SCS）が事務所を構えている。

同社はもともと日本郵船とウェザーニューズ、構造計画研究所という3社が2016年に共同で設立。2018年にはサービスを開始したONEも4社目の株主として出資した。

海運・物流分野のイノベーションを生み出すためのネットワーク構築や、製品の開発・販売を手掛けている。拠点はシンガポールとベトナムの2カ所。ブロック71にあるシンガポールの陣容は11人ほどで、マーケティングや意思決定など中枢機能を担っている。ベトナムにはシステム開発拠点を置いている。

「海運の現場で培った様々なノウハウなどをシステム化し、外販できる可能性があるのではないかということで発足した」。SCSでマネージングダイレクターを務める北裕次はこう語る。日本ではなくあえてシンガポールに進出した理由としては、「海運業界にとってのエコシステムがしっかり確立しているから」と説明する。海運業に関係する人材や情報が豊富なほか、開発システムの外販先という市場としての観点も大きかったという。

またシンガポールがスタートアップを誘致している自由闊達な場所ということもあるが、「東京本社から離れたところのほうが、自由な発想になる」との思惑もあったようだ。まさに「出島組織」の発想といえる。

ウェザーニューズは気象情報会社だが、現在では船舶への気象海象情報を提供するなど、海運業とも密接な関わりを持つ。構造計画研究所は日本で初めて建物の構造計算にコンピューターを導入した会社として知られており、数千台の自動車を自動車船にいかに効率よく積み込むかを計画するシステムなどを提供している。

この2社に海運・物流のプロフェッショナルである日本郵船の3社が組んで新しいイノベーションを生み出そうとする野心的な試みだ。

現在はコンテナ船のリアルタイム動静と港への到着予測する支援ツールや、燃料調達に関する発注情報や精算などを一括管理するツールなどを提供している。こうした支援ツールの開発では、ウェザーニューズ社のアリゴリズムを活用して成果をあげている。ONEはSCSから生まれた知見をうまく取り入れている。

ＳＣＳは、22年11月に長崎県で開催された「第1回出島組織サミット」にＯＮＥと共に出席している。

難易度が高いイールドマネジメントの導入

コンテナ輸送の世界では２０００年代以降、イールドマネジメントの考えが普及していた。

イールドマネジメントとは、航空機の座席やホテルの部屋など単位当たりの収益を最大化する販売戦略である。もともとは航空業界が先鞭をつけ、旅行業界にも広まった。ランニングコストに対する固定費が高く、商品の在庫ができない業界で使われる手法である。例えば、日本からシンガポールまでの航空便があり、座席数は２００席だったとする。フライト1週間前までに予約で半分の１００席は埋まっているが、このまま飛行機を飛ばすと赤字になる。残りの１００席の値段を大幅に値下げして売り上げが採算ラインを上回れば、収益が出る。

逆に夏休みや特別なイベント、ビジネス需要など確実に客が集まるという確証があれば、収益最大化のために値上げするという選択肢もある。これがイールドマネジメントである。

コンテナ輸送でも、コンテナ1本のラウンド（往復航海）当たりの採算を最大化するための手法として使われるようになった。ただ、イールドマネジメントがコンテナ輸送の世界でも幅広く取り入れられるようになってきたとは言っても、航空業界に比べると、まだ定着したとまでは言えない。

理由の一つは、航空輸送やホテルのイールドマネジメントと比べ、原価計算の難易度が格段に高いからだ。日本からシンガポール行き航空便の原価計算は、「1機当たりのコスト÷座席数」で算出できる。座席1席当たりの原価がはっきりしており、それに基づいた値決め（プライシング）の調整は容易だ。

ところが、航空機の座席に相当するコンテナの場合、1本1本の原価はコンテナがどういう動きをするかによって変わってくる。海上輸送だけなら原価計算は多少楽だが、陸に上がってからの動きがバラバラなため、計算は複雑になる。

港から近い倉庫までなのか、それとも鉄道に積まれて内陸奥深くまで行くのか、それともある地点で長く留め置かれるのか、空になったコンテナがいつ戻ってくるのか。とにかく状況によって原価が大きく変動する。

加えて、コンテナ輸送は往々にして行きと帰りの貨物に偏りがある。アジアから欧米諸国向けには大量の貨物がある一方、欧米からアジア向け輸送需要はその半分にも満たない。それも、空で戻すよりマシと言って、牧草や古紙、スクラップなど運賃を廉価にして貨物を集め、需要地であるアジア側に回送する。

ただ、本当に廉価でも貨物をつけてコンテナをアジア側に戻したらいいかどうかは、往航の運賃市況や港の混雑具合など、様々な要素によって常に変わってくる。さらに大手海運会社は全世界にビジネスを展開しているため、コンテナを扱う本数も膨大だ。

ONEが運用するコンテナ本数は、約170万本に上る。これが全世界に散らばってあちこちで動いているため、その1本1本の原価は当然ながら異なってくる。きわめて複雑なビジネスである。

コンテナは鉄の箱に貨物を詰めて運ぶ極めてシンプルなビジネスモデルだが、一つひとつがシンプルで自由であるため、それをすべてまとめようとすると、極めて複雑な構造になってしまう。

業界平均は70点

グローバルにサービスを展開するコンテナ海運会社は、イールドマネジメントをどこまで導入できているのか。

「数百隻のコンテナ船と数百万本のコンテナを世界規模で運用しており、非常に複雑なビジネス。ただ、あまりに複雑すぎて実際のところ、点数をつけるとすれば、どこも70点ぐらいではないか。大手はどこも規模が巨大なので、ちょっとした業務改善でも効果は絶大」

こう関係者は語る。

イールドマネジメントをしっかり運営するには、顧客データ管理や販売動向、コンテナや本船の動静管理などあらゆるデータが求められる。それらのデータをまとめるにはシステムが不可欠だが、海運業界が投じているシステム開発費用は航空業界に比べれば少ない。

他方、海運業界のイールドマネジメントは航空業界に比べて遥かに複雑で難易度が高い。かなり高度なシステムが求められるのは明らかだ。もっとも、マースクなどは膨大な金額を投じてシステム開発に取り組んでいると言われており、この分野でも先駆的な立場を維持している。

イールドマネジメントに基づいて貨物の選別を進めようとしても、営業現場の反発もあって、なかなか進められない。

「昔から付き合いのある顧客だから」

「この運賃を提示しなければ競合他社に取られてしまう」

「この仕事を確保しなければ、営業拠点を維持できない」

このように現場の抵抗は大きい。現場も大切だが、その通りに動いていたのでは全体最適にならず、結果的に収支改善に繫がらない。

改善するには本社機能の強化が不可欠になるが、単なる人員増では効率が低下する。全体を把握するには、しっかりしたシステムの裏付けが必要となる。統合前の邦船3社時代には各拠点にさまざまなしがらみもあり、大ナタを振るえなかった。事業効率化の鳥プロジェクトを推進した日本郵船でも、100％満足いくような結果を出せた訳ではない。リストラを躊躇なくやるマースクなど欧州系の競合も、組織が肥大化した結果、効率的な事業運営ができているわけではない。

ONEは旧社時代の古いしがらみをリセットし、コンテナ輸送にとって最適な体制を構築することが可能となった。そうした青写真は、すでに岩井など若手や中堅が温めていたものだ。3社統合による規模のメリットを手に入れることで、欧州系などと競争できる体制づくりが進展した。

利益率でハパックロイドを逆転

ONEは2018年4月からの3カ年計画を発表しているが、統合による相乗効果を年間10億5000万ドル（当時の為替換算で約1100億円）に設定し、初年度の18年度はその効果が60％程度、2年目で80％、3年目で100％実現すると想定した。

初年度の18年度は立ち上げ時の準備不足がたたって赤字だったが、2年目には黒字化を果たした。コロナ禍という未曽有の事態が起きて、3年目以降は空前の利益を計上することになった。当初計画より1年遅れたが、3年目からはしっかり1000億円以上の統合効果を発揮したことになる。

ONEの好業績はコロナ禍によるコンテナ市況の高騰という追い風が大きいため、実際

図表4-2　ONEとハパックロイドの利益率の推移

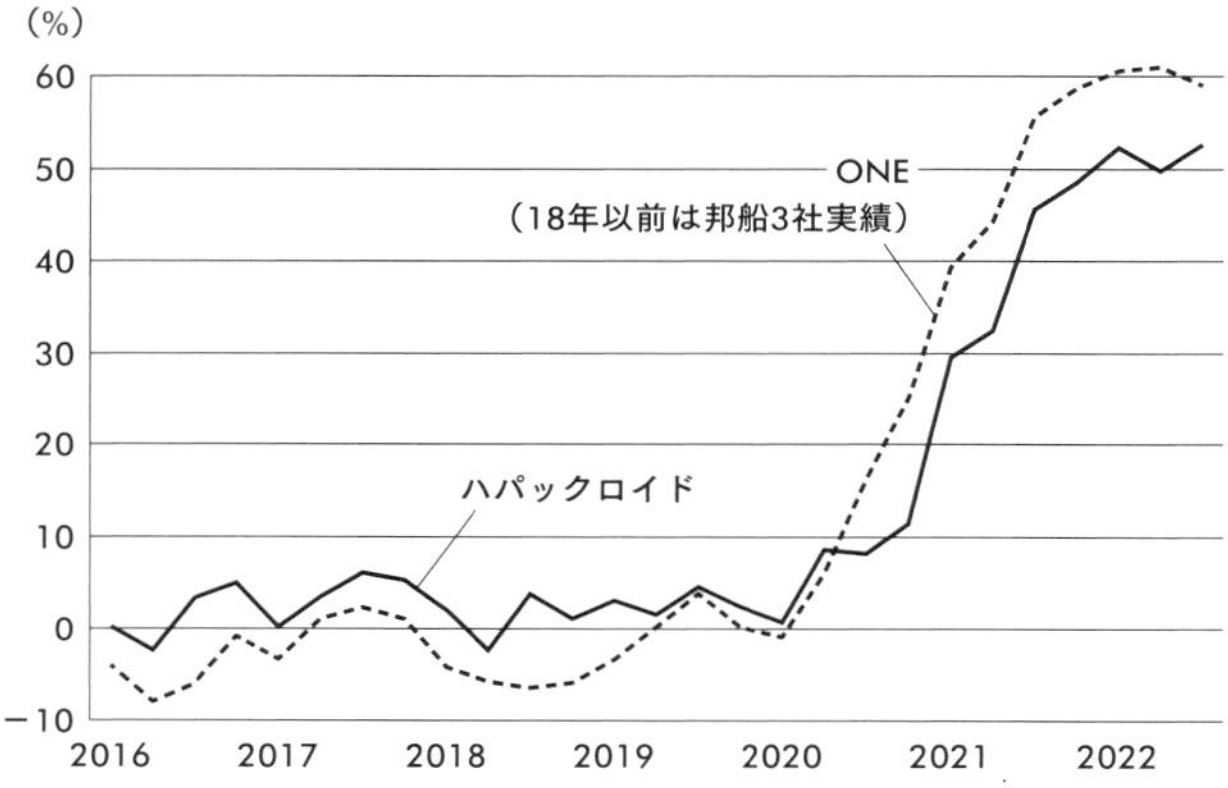

出典：各社の決算発表より集計

にどの程度が事業効率化による効果なのかはわかりにくい。本当に事業効率化が成功したかどうかは、競合他社との収益性の違いを見る必要がある。

旧3社時代には、基本的にはコンテナ船事業の収益性は海外の競合に比べて劣っていた。規模が小さい上、昔からのしがらみが多く、海外船社ほどドラスティックに顧客の入れ替えができなかったからだ。

ONE発足で規模を手に入れる一方、事業効率化を追求した結果、会社組織がようやく固まってきた3年目からは徐々に収益性が高まった。

図表4－2は、邦船3社やONEと規模が似ているドイツのハパックロイドとの売上高利益率を比較したものだ。旧3社時代はハパックロイドを下回っており、ONE初年度の

18年までは大きく引き離されていた。

しかし、19年にその差が大きく縮小し、その後、事業効率化プロジェクトの進展によって、20年以降、ＯＮＥの利益率がハパックロイドを上回っている。

コロナ禍による空前の活況

巣ごもり需要と物流混乱

シンガポールでの専用ターミナル確保やシンガポール企業として地元に根付こうとする努力、コンテナ輸送の効率化を着実に進めていたＯＮＥをCOVID-19、新型コロナウイルスの世界的な拡大が襲う。

２０２０年春以降、ロックダウン（都市封鎖）や外出制限によって世界的に物流関連労働者が大幅に不足する事態になった。コンテナがアジアから欧米などの輸入国へ運ばれて、再び戻ってくるまでに必要な日数（Turnaround Time）が長くなった。

大半の国で港湾労働者やトラックドライバーなど物流関連の労働者は「エッセンシャルワーカー」として扱われ、外出禁止の対象から除外されたが、それでも労働者自身や家族の罹患などの事情もあり、通常に比べて業務に従事する労働者が減少した。港湾労働者の間でクラスター（集団感染）が発生したロサンゼルス港のような例もあった。

図表4-3　上海発コンテナ運賃指数（SCFI）の推移

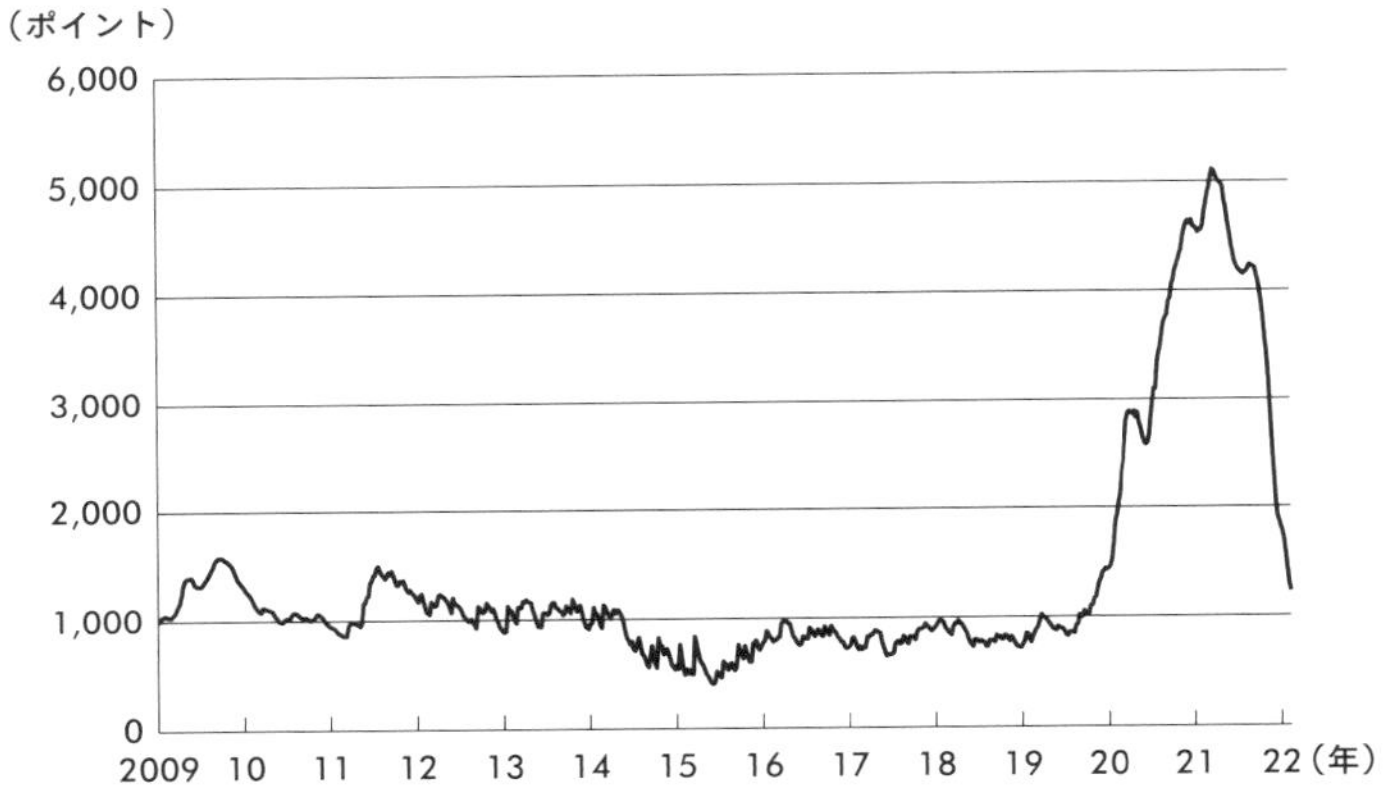

出典：上海航運交易所

その結果、欧米諸国では荷役活動やトラックでの搬出が停滞し、コンテナは途中のコンテナヤードや鉄道ランプなどで留め置かれた。

トラックに積むためのシャーシや、鉄道に載せるための貨車が不足したこともこの動きを加速した。そのうえ、荷主企業側では工場閉鎖などが起き、荷物を受け取って貨物をコンテナから取り出すデバンニングが滞ったこともコンテナの返送を遅くした。欧米でコンテナの返送や回送ができなかったことから、アジアへの輸出や空コンテナの回送が遅れた。

新造コンテナへの投資が減少したこともコンテナ不足に拍車をかけた。新造コンテナは90%以上が中国で生産されている。新造コンテナは、まず中国からの輸出に使用される。しかし、２０１８年に米中貿易摩擦が激化したことで両国間の貿易量が低迷したことからコンテナリース料が下落し、リース会社の収支が悪化した。

２０１９年時点の予想では、２０２０年も貿易摩擦が続いて輸送量が増えないとの見通しが強かったことから、海運会社やリース会社は新造コンテナへの投資を手控えた。その結果、２０２０年上半期のコンテナ生産量は前年同期比36％減少し、世界で稼働するコンテナの数が不足した。

だが、コンテナ生産量の減少よりもコンテナ不足で大きかったのが、「巣ごもり需要」に代表される欧米消費者の旺盛な消費行動だ。それを反映して荷動きが空前の盛り上がりを示し、コンテナ輸送力が追いつかなくなった。

COVID-19の流行が始まった時点では、経済活動の停滞はコンテナ海上輸送を減少させ、リーマン・ショック以来の衝撃になる、との見方も強かった。しかし、コンテナで運ばれる貨物に対する需要は驚くほど堅調だった。コンテナ輸送で運ばれる品目が所得の増減に影響されにくい必需品が主だったことが理由の一つだ。

加えて、外出禁止やテレワークの普及に伴う郊外移住が増え、家財道具や家電の需要が増加した。外出できない代わりにモノを購入する需要代替の動きや、電子商取引の利用拡大など巣ごもり需要が欧米向けコンテナの荷動きを増加させた。

その動きは米国で顕著だった。米国ではコロナ禍によって２０２０年4月の雇用者数が２０００万人減となり、働き手が1割も減少した。米国政府は大量の失業者を救済するため、手厚い失業対策を実施した。給付金や失業保険の上乗せによってコロナ対策予算は6兆円を超えた。それが結果的に消費ブームに火をつけ、コンテナの荷動きを活発化させたと言える。

上海発北米西岸向けコンテナ運賃指数をみると、2020年5月22日時点で40フィートコンテナ当たり1678ドルだった。これが6月以降急上昇し、2021年1月には4000ドルを突破した。その後、運賃水準はさらに急上昇し、2022年2月には8000ドルを突破し、遂に1万ドルの大台を超えた。コロナ禍前に比べると、5倍以上も跳ね上がったわけだ。

さらに、コンテナ不足の影響は世界に波及した。コンテナ輸送は、北米航路（アジアと北米間）と欧州航路（アジアと地中海・北欧州間）の東西基幹航路が中心だ。そこで需給が逼迫して運賃が高騰したり、コンテナが不足したりすると、他航路のコンテナや船腹を転用する動きが生じる。この連鎖反応によって、コンテナ不足や運賃高騰があっという間に世界に広まっていった。

ワイン1本の輸送費は100円以下

「満船なので船積みできません。次の船便も海外港湾の混乱でいつ出港できるかわからず、いつ入港するかもまったく不明です」

コンテナ船社の営業スタッフは、顧客から殺到する問い合わせにこう返答せざるを得なかった。

コロナ禍前は、輸送力を100とすると、貨物量は95から100を少し超えるぐらいで上下し、それによって運賃が変動した。需要を輸送力が上回る状況が続いていたのがコロナ禍前の状況だった。

ところが、コロナ禍による港湾の労働力不足などによって輸送力が10減って90となり、サプライチェーンの混乱でさらに10減って80程度にまで落ち込んだ。一方で需要は10増加して110となり、輸送力と需要の差が30近くにまで拡大した。サプライチェーンの混乱がピークに達した2021年後半には、この差がさらに拡大したと見られる。

これだけ需給バランスが崩れてしまうと、運賃の高騰は不可避だった。他のサービスやモノであれば、価格が急上昇すれば買い手は諦め、需給のバランスが回復する。

ところが、コンテナ輸送では貨物の船積みを諦めた荷主は一部にいたが、大多数は諦めず、船積みされるのをじっと待った。コンテナ輸送がわれわれの生活に死活的な存在となっているからだ。

コンテナ運賃の高騰が物価高騰の原因の一つと指摘されたが、輸入されるモノの輸送費用は一体、どれくらいになるのだろう。

例えば欧州からワインを輸入する際の輸送費用を例にとってみる。温度管理ができるリーファーコンテナ（40フィートコンテナ）にワインを満載にして運んだ場合、1万2000〜1万3000本は積み込むことができる。

倉庫などでの保管や店舗配送を除いた、純粋に海上輸送（コンテナ輸送）の運賃で計算してみると、1本当たりの輸送コストは為替レートが1ドル140円換算で高くても80円程度。運賃高騰のピーク時でも、1本当たり100円を超えることはなかった。

特に温度管理などをしない安価なワインの場合はドライコンテナでの輸送となるため、積載できる本数も多くなる他、海上運賃も下がる。それで計算すると、1本当たりせいぜい20〜30円程度となる。

運賃の変動によって金額は上下するが、実際の影響の度合いはそれほど大きくない。むしろ為替や海上輸送以外の諸コストの割合の方がはるかに大きい。

コンテナ運賃は2022年12月時点でほぼコロナ禍前の水準まで戻る一方、国内外の物価上昇は続いている。モノの価格に占める海上輸送費の割合が低いため、実際には海上輸送費の物価への影響は軽微というのが本当のところだろう。

ただ、コロナ禍による物流の混乱で問題になったのは、輸送コストの高騰より輸送できない事態であり、こちらの方がはるかに深刻だった。

「ホームセンターにいっても欲しい商品が欠品だらけ」

「海外からの部品が届かないため、製品が作れない」

「北米からの木材輸入が遅れて、マイホームの着工ができない」
コロナ禍の混乱は、コンテナ輸送がわれわれの生活に必要不可欠な存在であることを明らかにした。

COLUMN

コンテナ不足に直撃された日本

コロナ禍のサプライチェーン混乱が日本経済や日本の荷主に与えたダメージは、コンテナ運賃の高騰よりコンテナ不足でモノを運べなかったことの方が大きかった。輸入価格の値上がりは、主にコンテナ不足を理由とした欠品によって生じた。

2020年はコンテナ貨物の輸出入が2019年に比べて落ち込んだが、これは海運会社が日本向け貨物を減らしてでも中国など輸出旺盛な国・地域にコンテナを振り分けた結果だ。

もともと日本向けコンテナ貨物の中にはインバランス解消のため、北米などで集荷していた飼料（干し草など）が含まれていた。日本から北米に向かったコンテナ貨物と同じだ

コンテナに詰められている干し草
（写真提供：John Szczepanski 氏＆Border Valley Trading in Brawley, CA.）

け、北米から日本向けに貨物があればいいのだが、実態は貨物が少ないため、運賃を低めに設定して飼料などを集荷していた。

2020年夏以降、アジア発北米向けのコンテナ運賃が高騰したことで、飼料など運賃水準が低い貨物の輸送が絞り込まれた。アジア側荷主が高いコンテナ運賃を支払って輸送スペース確保に走ったため、そちらにコンテナがシフトした。日本の輸出荷主が使用するコンテナが減った結果、日本向け貨物を運ぶコンテナが減ってしまった。空コンテナの輸入も、2019年に比べて落ち込んだ。

コンテナ不足が問題になり始めた当初、日本の荷主は契約運賃で運ぶことが多いため、コンテナ確保は問題になりにくいとの見方があった。しかし、実際には、より高い運賃を稼げる中国発航路へのブッキングを優先する船社がいくつもあった。

契約運賃は運賃上昇を抑えられる。スポット運賃でも、日本発着貨物は中国発着貨物に比べて運賃水準が低い傾向があった。

2019年までは荷主側が契約を履行しないケースがしばしばあった。通常契約運賃では、荷主側は最低限の輸送コンテナ本数を約束するが、運賃が下落傾向にあるときに荷主がスポット運賃を通して運ぶケースがあった。ところがコロナ禍以降、コンテナ輸送サービスの需要が供給を上回る状況が続き、この状況が逆転してしまった。

コロナ禍をめぐるコンテナ不足の状況は、契約運賃の在り方や日本発着貨物の運賃の妥当性について問題を投げかけた。

従来の契約運賃がコロナ禍のような混乱時には履行されにくい状況になったため、2022年の契約交渉では、船社と荷主の両者が輸送数量にコミットし、荷主側が値上げを容認する形で決着がついた。

コロナ禍のピークをいったん過ぎ、コンテナ不足が解消されつつある2022年後半になると、スポット運賃が契約運賃を下回る状況となり、2019年以前のような状況が戻りつつある。

シンガポール港ONE専用ターミナル　（写真提供：ONE）

第5章

ONE「奇跡の成功」の舞台裏

お荷物部門からの大逆転

廊下の真ん中を歩けなかった人々

「赤字のコンテナ船部門の人間は、『会社で廊下の真ん中を歩くな』と言われた」

「コンテナ船部門だったので、社員食堂では隅のほうでひっそり食事をしていた」

3社の昔話を聞くと、こうした逸話が聞こえてくる。特に海運バブル期の2000年代には、ドライバルク船などの不定期専用船が業績を牽引していた。

「コンテナ船はプライドが高いだけの赤字部門」

こんなレッテルをコンテナ船部門は他部門から貼られていた。実際には、その頃のコンテナ船部門は黒字転換を果たしていて業績は堅調だったのだが、社内では依然として赤字事業というイメージが拭えなかった。そのため、肩身が狭いことに変わりはなかったという。

3社のコンテナ船事業の統合発表で、社内には「ようやく赤字部門が本体から切り離された」とホッとする空気があったことは否定できない。

それまで邦船3社のアナリスト説明会では、コンテナ船事業の改善を問う質問が多く、毎回、会社側は回答に四苦八苦していた。ボラティリティの高いコンテナ船事業を3社の本体事業から切り離したことで、会社側は安定化への道筋を公言していた。

ONEのサービス開始初年度は統合費用の計上や混乱もあって赤字だったが、翌2019年には事業安定化を実現して黒字化を達成した。コンテナ船事業をスピンアウトし、本体事業に専念できる環境になったことを3社とも実感できるようになっていた。そこに突如、襲ってきたのがコロナ禍だった。

当初はリーマン・ショックの再来と身構えたが、2020年夏以降のコンテナ船市況の急激な盛り上がりで収支が一気に改善した。苦戦する親会社3社の不定期専用船をONEの業績が補う形となった。

21年3月期の3社業績を見ると、日本郵船は営業損益の黒字を確保したものの、商船三井と川崎汽船はともに営業赤字だった。ところが、経常利益では3社そろって大幅黒字となった。本業の苦戦を営業外収益に計上されたONEの持分法投資利益が大きく補ったからだ。22年3月期には3社揃って空前の利益を計上したが、いずれも原動力はONEだった。

3社そろって史上最高益

リーマン・ショック以降、市況悪化に苦しんできた海運業界にとって、コロナ禍による混乱は結果として空前の好況をもたらすことになった。日本郵船が22年5月9日に発表した2022年3月期の連結経常利益は1兆31億円に上った。

日本の海運会社で連結経常利益が1兆円を超えたのは、日本郵船が初めてだった。好業績は同社だけではない。商船三井の連結経常利益は7217億円、川崎汽船も5400億円となり、いずれも前年比3~5倍の大幅増となった。リーマン・ショック前の海運バブル期に記録した業績を遥かに超え、各社とも史上最高益を更新した。

本業の儲けを示す連結営業利益の3社合計が約3400億円だったのに対し、連結経常利益の3社合計は2兆円を大きく上回った。連結営業利益は立派なものだが、あまりに経常利益の金額が大きすぎて霞んで見える。連結経常利益の金額が跳ね上がるのは、営業外収益に計上された持分法投資利益、すなわち3社の持分法子会社であるONEの利益が加わるためだ。

ONEの22年3月期業績は、売上高が300億9800万ドル、税引き後利益は167億5600万ドルだった。日本円に換算すると、売上高で約4兆円、税引き後利益では約2兆円となる。売上高、利益ともに親会社を大きく圧倒する数字だった。

COLUMN

純利益が売上高を上回った川崎汽船

2022年4～9月期の川崎汽船の売上高は4828億円、純利益は5654億円、つまり売上高に対する利益率は117・1%となった。

大企業では滅多にないことだが、実は川崎汽船では今回が二度目。創業直後の1920（大正9）年3月期の業績が、海運収入に対して営業外収益が1・5倍もあったことが社史に記録されている。

川崎汽船は、松方幸次郎率いる川崎造船が第一次世界大戦による海運ブームを見越して大量に建造したストックボート（一定の需要を見越して発注者が決まらないまま建造された同一船型の船舶）11隻をもとに1919年に設立された。

その直後、鈴木商店や川崎造船などと共に國際汽船を設立している。川崎汽船が保有するストックボートを現物出資として提供したことがきっかけで、いきなり営業外利益を受け取ったようだ。

日本経済新聞がまとめた上場企業350社（日経500種平均株価採用の3月期決算企業）の2022年4～9月期の売上高純利益率ランキングでは、川崎汽船、商船三井、日本郵船の3社が上位3位までを独占した。川崎汽船ほどではないにしても、商船三井73・2%、日本郵船51・7%といずれも高水準だった。もちろん、3社の持分法適用会社であるONEの貢献による。

ONEから3社への配当金額は、受領日ベースで2021年3月から2022年11月まででで累計90億6600万ドル。為替によって変動はあるが、少なくともONEから3社にはキャッシュで1兆円以上の金額が還元された計算になる。素晴らしい孝行息子だ。

コンテナ船の大渋滞

新型コロナウイルス感染拡大によって欧米諸国ではロックダウンが進み、人々はレジャーなどのコト消費ができない代わりにモノ消費を活発化させた。この巣ごもり需要によってアジアから米国への荷動きが急増し、輸送されるコンテナ貨物量は空前の規模にまで膨れ上がった。

他方、コロナ禍によって港湾やトラック、倉庫などの労働現場で離職者が増加し、深刻な労働力不足に陥ることになった。荷物が増え、物流現場が逆に縮小した結果、港湾や陸上輸送が深刻な処理能力不足に陥った。

特に2021年以降、米国にとってアジアからの貨物の半分近くを受け入れる西岸港湾、その中でも中心的な存在のロサンゼルス・ロングビーチ港の混雑は尋常ではなかった。人手不足もあって港での荷役作業に時間がかかるため、コンテナ船の滞在時間が長期化した。

アジアから続々と到着するコンテナ船が港に入港できないまま、ロサンゼルス・ロングビーチ沖合に停泊し、その数は膨れあがる一方だった。西岸港湾の混雑がピークに達した2021年末、100隻前後のコンテナ船が沖待ちする状況にまで追い込まれた。

自国にコンテナ海運会社を持つ意義

そうした混乱が続く中、ONEが最初に日本寄港の北米向け臨時船を投入したのは2020年11月のことだった。

最初、ハパックロイド、陽明海運、HMM(旧・現代商船)と結ぶ「ザ・アライアンス」グループの枠組みで臨時船を投入していたが、その後、船不足が悪化してグループの海運会社にも余裕がなくなってきた。そこでONEは、単独での臨時船運航を決めた。特に混乱のピークだった2022年1−3月には、多くの臨時船を投入して日本と北米西岸の間を往復させ、輸送スペース確保に四苦八苦していた日本企業をバックアップした。

このようなONEの動きにもかかわらず、日本から聞こえてきたのは歓迎の声ばかりではなかった。実情をよく知らない向きから、「他国に比べて臨時船の規模が小さい」「対応が遅いのでは」といった不満の声が届いたのだ。

ここで考えたいのは、コンテナ船事業を営むＯＮＥという日の丸企業がシンガポールに存在しなければ、日本向けに臨時船を配船するサービス提供を国内企業は受けられなかったということだ。

サプライチェーンの混乱でコンテナ運賃が急騰するなか、アジアの中で相対的に市場力が落ちた日本に船を回すメリットは、コンテナ船社側には少ない。収益面からすれば、日本より中国など他のアジア諸国に投入する方が経済合理性に適っている。平時においても、日本への本船寄港はあまり望まれていない。かつては邦船3社が、いまはＯＮＥが日本への寄港を主張しているため、日本離れが食い止められているというのが現状だ。

今回のコロナ禍は、海運業の真価を問うものだった。危機的な状況で各国のコンテナ船社はどう行動したのか。経済合理性を優先したのか。それとも、自国民、自国企業を優先したのか。

例えば韓国では、ＨＭＭが相次いで臨時船を大量投入して、韓国系荷主の輸送支援に充てた。ＯＮＥが日本に臨時船を投入して北米航路の貨物を運んだのも、国家的危機を救うためだった。

ＯＮＥが臨時船を投入したのは、日本の海運会社としての責務を自覚しているからに他ならない。ＯＮＥが決断しなければ、日本に臨時船が投入されることはなかった。

ＯＮＥの行動は日本の海運会社としての義務感からの行動だったが、危機にあって、果たして一企業のボランティア的行動だけに頼っていていいものなのだろうか。

米国は今回のサプライチェーン危機では発動しなかったが、国家の有事には米国籍船を動員できる法的仕組みを持っている。今回の経験を踏まえ、日本もそうした法的整備の検討を始めるべきだろう。

ワクチン接種や行動規制など、コロナ禍は危機への対応で日本に様々な課題を突きつけた。海運でも有事を想定した備えが求められる。

奇跡が起きた背景

「この統合は絶対に失敗する」

邦船3社によるコンテナ船事業の統合は当初、評判が芳しくなかった。

「この統合は絶対に失敗する」

ある財界人がこう断言したという話が、関係者に聞こえてきた。発言の真偽は不明ながら、ONE発足に関わった人間はこう反発した。

「事情も知らないのに、何を勝手なことを」

ただ、これまで日本企業が取り組んできた事業統合は、企業合併を見ても電機産業の事業単位の統合のケースを見ても成功例は少なく、失敗するケースが多かったのも事実だ。

海運企業ではコンテナ化が始まって主要6社が3社に集約されたが、過去には三光汽船や第一中央汽船のように破綻する企業もあり、苦難の歴史でもあった。事業統合ではないが、3社による合併という先例では、システム障害を繰り返したみずほ銀行を想起させたのは間違いない。[20]

最大の要因は「出島」

ONEは邦船3社によるコンテナ輸送事業のスピンオフ（事業分離）であり、新会社を日本ではなく海外に設置する過去に例のない大プロジェクトだった。では、このスピンオフはなぜ成功したのだろう。振り返れば、いくつかの要因を挙げることができる。

最大の要因は、親会社のある日本から遠く離れた「出島」に新会社を設立したことである。本社機能がシンガポールにあるため、親会社がある東京との間で適切な距離感を維持できていることが大きい。

ONEの本社が東京にあれば、人的交流を含めて邦船3社関係者との往来もより頻繁になったはずだ。しかし、それは3社それぞれの意向を踏まえた最大公約数的な経営方針につながり、ONE独自の事業運営を進めるうえで制約となっただろう。

ONEが主体的な経営を展開しようとすると軋轢《あつれき》を生む可能性もあり、親会社との関係はより難しくなっていたはずだ。利害関係の異なる3つの親会社から物理的距離を置くことで、ＯＮＥが一定の裁量権を与えられて運営を一任される仕組みが構築された。

シンガポール本社の設立準備では、スピンアウト前に3社がコンテナ船事業を実質的に海外に置いて運営していた経験が大きく役立った。それがＯＮＥ発足の事前トレーニングとなり、シンガポール本社の設立は海外移転の総仕上げという側面を持つものとなった。

「コンテナ船事業部門の本部機能を海外に移管した諸先輩のおかげで、いまがある。本部機能の海外移転でどういうメリット、デメリットがあるかをリストアップでき、その経験をＯＮＥ立ち上げに利用できた」

と岩井は振り返る。

第2の成功要因は、政府や銀行など外部の力を借りず、当事者である邦船3社自らの意思によって決めた民間主導の再編だったことである。かつて日本が誇った半導体や液晶なども低迷久しいが、政府による支援策が結果的に補助金漬けとなって失敗したことは記憶に新しい。

外部の力を頼れば、それだけ経営判断で制約を受け、機敏な対応ができなくなってしまう。実質的に2カ月ほどで統合計画をまとめ上げたようなスピード感は、民間主導でなければ無理だろう。

邦船3社が設立したＯＮＥへの出資比率は、日本郵船38％、商船三井と川崎汽船が各31％と差がついているが、実質的には対等合併に近い形だったことも功を奏した。基幹システムは日本郵船のものを採用し、北米地域本部は同地域で強みのある川崎汽船の拠点を活用するなど、随所にベストプラクティスを採り入れた。

第3の成功要因は、コンテナ海運会社を経営するためのベストな運営体制を追求するための青写真が当初から明確になっていたことだ。3社出身の幹部たちが、シンガポール、あるいは香港の拠点で積み上げたノウハウの塊と、それに裏付けられたプランを着実に実行していけば良かった。

シンガポールという出島で、旧社時代の古いしがらみを一掃し、真っ白なキャンバスに絵を描くように岩井たちは「スタートアップ」を立ち上げたのだ。

COLUMN

「イノベーションのジレンマ」とONE

ONEのスピンアウトは、日本の海運企業が抱えていた「イノベーションのジレンマ」に対する海運企業からの回答という側面を持つ。日本の海運大手は、多くの人材とグローバルなネットワークを必要とするコンテナ船部門に加え、自動車専用船を含む不定期船、さらにはタンカー部門を同時に抱える百貨店型経営を続けてきた。コンテナ船部門が長きにわたって低収益に喘ぐなか、不定期船部門やタンカー部門は荷主との安定的な関係を軸に利益を確保してきた。

コンテナ船輸送部門は資本集約的な性質を持つと同時に、システムやインフラ面では技術革新を続けていて、その重要度はかなり高い。伝統的産業ではあるものの、イノベーションの必要性が大きいという二面性をもつ。

「イノベーションのジレンマ」で挙げられる新旧製品の「共喰い」ではないが、複数部門を抱える海運会社も部門間の喰い合いを避けることは難しい。例えば、LCC（格安航空会社）は親会社が通常の航空会社であれば、「共喰い」の問題が大きいことが知られている。親会社への忖度を交えて航路を設定してしまう事例が世界中でみられる。コンテナ船部門は収益性の低い部門であったため、日本の大手企業はイノベーションに積極的になりづらかった。社内資源をコンテナに集中するのは、むしろ避けるべきことだった。

ONE発足によって、コンテナ輸送に専念する海外船社と同様の環境となった。邦船3社が株主として発言権を持つ立場にはあるが、「出島組織」としてのONEが「共喰い」の状況を克服し、日本企業が抱える問題点に一つの有効な解答を与えることになるのかもしれない。

若手が自由に運営できる環境

第４の成功要因は、30〜40代の若手・中堅社員が思う存分、腕を振るえる環境が与えられたことだ。シンガポールに立地した意義は、諸制度の利点を享受するメリットよりも、若手や中堅が自由に事業を立ち上げる環境に恵まれたという効果の方が大きい。

ＯＮＥ発足で３社の中心になったのは、岩井泰樹（日本郵船）、辻井廣喜（商船三井）、山鹿徳昌（川崎汽船）の３人だ。

ＯＮＥの設立当時、岩井と辻井は40代後半、山鹿も50代前半であり、伝統的な企業の経営者と比べてかなり若い。この３人がＯＮＥの取締役としてＣＥＯのジェレミー・ニクソンを支える体制を取っているため、邦船３社は３人より若い年次の社員をシンガポールに出向させている。

山鹿は20年４月に日本に帰国して川崎汽船に復帰し、後任に栗本裕が着任した。これにより、年齢構成に大きな変化はなく、フレッシュさは維持されている。

海運会社特有の人間関係も見逃せない。海運同盟が存在した時代には、担当者が会社の壁を越えてよく集まっており、会議では喧々諤々《かんかんがくがく》の議論を繰り返し、懇親会も盛んだった。欧州委員会が海運同盟に対する競争法適用除外を廃止して、各航路の海運同盟が消滅する２００８年９月まで交流は続いた。

ＯＮＥ設立を主導したキーパーソンは、いずれも海運同盟時代の人間関係の結びつきが残る世代だった。そのことも、事業統合に向けた水面下の動きの中でプラスに作用した。だから、岩井、辻井、栗本の3人はONE発足前から旧知の関係で、会社の垣根を越えて信頼関係が強かった。こうした人間関係が、事業統合を円滑に進める下地となった。

ハイブリッドの企業文化

岩井たちは、企業文化の創造を重視した。

「コンテナ船などの資産はあくまでもツールであり、企業の根幹は人と企業文化に尽きる。根幹となる企業文化では、チームワークを特に重視した。日本の伝統的な企業とも、個人の競争に基づく欧米企業とも違う、ハイブリッドをベースとした新しい形をめざしている」

岩井はこう語る。

ハイブリッドなチームワークとは、単なる没個性の集団ではなく、強い個が集まった中でそれぞれが尊重しあう形だという。その点、岩井は従来型のエリートと比べると、かなり個性的に見える。

企業派遣で米国にMBA留学した典型的なエリートに見えるが、皇居を見下ろせる日本郵船本社に勤務したのは、30年を超える社歴のわずか6年半足らず。大半は海外勤務に明け暮れ、「本社勤務は苦手」と言って憚《はばか》らない。

こんなエピソードがある。若手時代、社員を集めた業績説明会の席上、コスト削減のための施策を説明する幹部に面と向かって、「そんな対応ではまったく効果がないのでは」と真っ向から反論した。当然、幹部から「なんて生意気な若造だ」と睨まれたという。

「出る杭はそれなりに伸ばして見守る」

こう語る岩井はかなり特異なタイプだが、大手3社を見渡すと、似たような豪快なエピソードを持つ人間たちがいる。岩井はその後、若手プロジェクトのリーダーを任されるなど、実力を評価されることになるが、日本郵船に限らず、海運会社に特有の企業文化に育てられた人材が集まったことが、ONE成功の土壌としてあった。

ONEは発足以後、コンテナ船事業での世界一をめざして進んできた。

「でも、めざすのはアセットの世界一ではなく、人材での世界一。その集合体としての競争力をもつこと」

岩井はこう続ける。

ONEは「8つのコアバリュー」として、リーン&アジャイル、チームワークなどを掲げている。不況の大波に翻弄されるコンテナ船事業で勝ち残るために最も大切なものは、優れた人材とチームワーク、効率的な事業運営（Operational Excellency）であると考えているのだ。

コンテナ輸送の未来

首位に立つMSC

スイスに本拠地を置くイタリア系海運会社MSCは2022年1月、コンテナ船運航規模でついにマースクを抜いて世界首位の座に就いた。

フランスの海事調査会社アルファライナーによる2022年1月6日付コンテナ船社運航規模ランキングで、MSCの運航船隊は645隻・428万4728TEUとなり、マークスの738隻・428万2840TEUをわずかに上回った。マースクがデンマークのEACを買収して台湾エバーグリーンを抜いて世界最大のコンテナ船社となったのは1993年。それ以来、29年ぶりの首位交代だった。

MSCは、創業者のジャンルイジ・アポンテが1970年にベルギーの首都ブリュッセルに設立した。彼は5000ドルの融資を受けて、「MSC Patricia（1750GT）」という一般貨物船を購入する。初めは中古船を賢く購入して運航する戦略で船隊を拡大した。

1990年代までは中古船を購入してコンテナ船隊を構成していたが、1994年に初めて新造船を発注し、その後もM&Aによらず、新造船の自社整備、中古買船などを通じて自社船隊を拡大してきた。

ＭＳＣに抜かれるまで29年間、コンテナ船部門で世界トップとして君臨してきたマースクは、上場はしているものの、創業家の御曹司マースク・マッキニー・モラーが規模を拡大してきた典型的なオーナー会社である。

彼が１９６５年に父親から会社を受け継いだとき、伝統ある欧州の海運会社の中にあってマースクはメジャーな存在ではなかった。その会社をトップクラスに押し上げたのは、モラーの卓抜な手腕だった。

マースク以前、コンテナ船部門で世界のトップだったのはエバーグリーンだ。創業者の張榮發も１９６８年に中古貨物船１隻で経営を始め、同社をアジア有数の海運会社にまで成長させた。エバー航空などを含む一大企業グループを作り上げた立志伝中の人物である。同グループはかつて福岡ベイエリアのマリノアシティでリゾートホテルを経営していたこともある。

世界3位のＣＭＡ ＣＧＭは、レバノン出身のジャック・サーデが１９７８年に創業したＣＭＡ社を発祥とする。フランスの国営船社だったＣＧＭを民営化後の１９９６年に買収し、現在のＣＭＡ ＣＧＭになった。１９９８年にはAustralian National Linesを、２００６年にはDelmasを合併した。近年もシンガポールのＮＯＬを買収し、世界3位の海運会社に成長した。

オーナー企業や国家支援の海外企業にどう対抗する？

コンテナ船でトップクラスの会社は、軒並みオーナー系が占める。しかも、マースク以外はコンテナ輸送が行われるようになった後に創業された新しい会社である。

オーナー企業が上位に並ぶ理由の一つとして、新造船でも中古船でも船舶への投資や用船が巨額の資金を必要とし、迅速な意思決定が求められることが挙げられる。

サラリーマン組織で社内稟議を上げてじっくり検討するプロセスを経ていたら、海運業の場合、とても間に合わない。日本船社の弱い部分でもある。

「日本企業の人間が来ても、一回目は本当に挨拶だけで終わるし、意思決定権のある人が来ないため、仕事が進まない」

あるギリシャ船主にインタビューした際、彼らはこう指摘した。とはいえ、野放図な投資では失敗するため、その匙加減は難しい。長年、業界で培ったオーナーの力量が問われる部分である。

MSCでは、船員経験のあるジャンルイジ・アポンテが自ら船主に電話で交渉し、まとまれば即決という。コロナ禍以降、輸送需要の急拡大を見越し、同社が購入した中古船は100隻を超える。新造船への投資も早いタイミングで進めた。こうした機を見るに敏な動きをみると、改めて海運業はオーナーによるスピード感のある意思決定が有利に働くビジネスであることが分かる。

国が海運業経営の前面に出るケースもある。その代表例が中国のＣＯＳＣＯグループだ。同社は国有企業の整理統合という国策に沿って同じ中国系のチャイナシッピングと合併した。香港のＯＯＣＬも合併し、一時はコンテナ船で世界３位にまで食い込んだ。いまでこそ業績は好調だが、一時期はかなりの赤字を計上し、中国政府の支援によって支えられていた。

国営企業が海運業の形態として望ましいかどうかは議論の分かれるところだが、国家にとって海運会社が重要であることは否定できない。中国の世界戦略である「一帯一路」構想の「海のシルクロード」でＣＯＳＣＯは中心的な役割を担っている。したがって、今後も中国政府がＣＯＳＣＯを管理下に置いていくことは疑いない。

韓国の現代商船も２０１０年代の危機を受けて政府系金融機関から過半数の出資を受けている。現時点では政府系の出資比率が74％に達し、実質的に国有化されたと言っていい。２０２０年に社名を英文名であるＨＭＭに変更し、規模の差がある２Ｍとの戦略的連携を解消し、ザ・アライアンスに加盟した。現在はコロナ禍を受けた好況のおかげで最悪期を脱した。台湾の陽明海運も、３割超の株式を政府系が保有している。

ドイツのハパックロイドも、ハンブルク市が10％強の株式を持つ主要株主として名を連ねている。オーナー企業のＣＭＡ ＣＧＭはリーマン・ショック後に資金難に陥ったものの、２０１２年10月、フランスのソブリンファンドＦＳＩから６％、２・５億ドルの出資を受けるなど、フランス政府からの有形無形の支援もあって危機を乗り切った。

世界統一市場である外航海運の世界では自由競争が行われているという印象があるが、実態は異なり、主要な海運会社への国家による支援はかなり手厚く行われている。主要な海運会社はオーナー企業や国有企業、さらには実質的な国有企業などの形態だ。そう考えると、異国の地シンガポールで健闘するONEの存在はかなり異色だ。

1964年に実施された国内の海運集約とは異なり、今回の事業統合は政府が主導したわけではないし、政府の支援を受けてもいない。歴史ある邦船3社からのスピンアウトによって生まれたスタートアップに近い会社だ。CEOのジェレミー・ニクソンやマネージング・ダイレクターの岩井、辻井、栗本ら中心的なスタッフはいても、彼らはあくまでも3社からの出向だ。その意味では、日本の伝統的なサラリーマン組織を受け継いでもいる。

ONEがグローバル競争で世界のオーナー企業や国家主導の企業と伍していくのは、容易ではない。しかし、日本の伝統的な大企業から生まれた「出島組織」の試みは、海運業を超えた壮大な実験といえる。

自社保有10隻を含め48隻の大型コンテナ船を手当て

ONEにとっての大きな課題は、旧3社時代から続いてきた大型船を中心とした船腹不足をどう解消するかだった。リーマン・ショック以降、邦船3社は市況低迷で収支が厳しいことから、コンテナ船への投資を絞り込んできた。対照的に、欧州勢はコスト削減を追求するために大型船への投資を継続した。その結果、現状では大きな差がついてしまった。

3社は2016年にコンテナ船事業統合を決断し、その後の数年間はONEの立ち上げと安定化に全力を注いできたため、船隊整備に振り向ける余力はなかった。事業統合時、ONEの規模は世界第6位だったが、他社に比べれば大型船が少なく、競争力で見劣りしているのは明らかだった。

黒字化を達成したONEは2020年以降、実質的にはコロナ禍前の2019年から船隊整備に向けて動き出した。ただ、ジレンマもあった。この頃から海運業界にとって脱炭素化が大きなトピックとなってきたからだ。

国際海事機関（IMO）は、外航海運におけるGHG（温室効果ガス）排出量を2050年までに半減、今世紀中にゼロを目標に掲げた。その後、日本を含めた各国や海運大手各社は、2050年までのカーボンニュートラル（GHG排出量の実質ゼロ）に向けて大きく動き出すことになった。

商業船舶は少なくとも建造から20年以上使わないと採算が取れない大型投資案件だ。将来的な環境規制を横目で見ながら、投資を決めるという難しい判断が求められる。そのため、ONEでは新造用船を活用しながら、大型船不足を埋めることになった。

最終的にONEは22年3月末までに38隻（船腹量では52万TEU）の大型コンテナ船を

図表5-1　**2020年以降にONEが発注・調達したコンテナ船**
（短期用船を除く）

	船型	隻数	船主	発注・調達時期	竣工時期
(1)	1万4000TEU型	4	ゾディアック	2020年3月	2021年7月～
(2)	1万2000TEU型	4	シースパン	2020年3月	2020年3月～
(3)	2万4000TEU型	6	正栄汽船	2021年12月	2023年12月～
(4)	1万2000TEU型	4	シースパン	2021年2月	2022年7月～
(5)	1万5000TEU型	4	シースパン	2021年2月	2023年1月～
(6)	1万5000TEU型	6	シースパン	2021年6月	2023年12月～
(7)	7000TEU型	10	シースパン	2021年9月	2024年4月～
(8)	1万3700TEU型	10	－	2022年5月	2025年4月～

注：ONE発表資料やシースパン、VesselsValueなど各種情報に基づき作成。（2）の1万2000TEU型はシースパンがPILから購入。それをONEが用船した。（8）の1万3700TEU型10隻はONEが発注・保有する自社船となる。

手当てした。大半は新造用船（船主が造船所に船を発注し、竣工後はそれをONEが用船して使うこと）となる。22年5月末、ONEは1万3700TEU型10隻を日本と韓国の造船所に発注した、と発表した。これはONEにとって初めての自社保有船であり、記念すべきものだった。

自社保有船となる10隻を含め、コロナ禍前からの交渉だったとはいえ、2年強で48隻のコンテナ船を一気に発注するスピード感は旧3社時代にはなかった。ONEがい い意味で旧3社のカラーを脱して、新しく成長した証といえる。

「確かに欧州系などと比べて船隊規模では見劣りするかもしれないが、それだけで勝負が決まるわけではない。統合前はあまりに体力差が大きかったが、ONE発足で一定の規模を確保できた。船隊整備で後れをとっていたところも、近年の発注でようやく競合相手の背中が見えるところまできた」

岩井はこう説明する。

バイデン米大統領、大手コンテナ海運会社を批判

では、今後はどうするのか。ONEの船隊規模は2021年12月末時点で211隻（船腹量では154万TEU）。このうち75％は親会社である邦船3社から借りている船であり、残りは3社以外の船主から用船している。22年5月末に発注した10隻を除いてまだ自社船を保有していないが、事業安定化を実現したことで保有船を増やしていく方針だ。加えて、2022－2030年度までに200億ドルの投資計画を発表した。船舶については、「船腹量規模で年間15万TEU規模の新造船整備を進める」

ニクソンCEOは海運市況の好不調に関係なく、原則として毎年決められた量の船舶を発注する方針を表明している。

海運会社はこれまで収支に余裕のある好況時に船舶を発注し、不況時には投資を手控えていた。好況時の発注は船価が高くなり、結果的に採算悪化を招いていた。

船価が安いのは不況時だが、会社の収支が厳しく投資余力が少ないため、発注へのハードルは高い。こうした環境下ではオーナー経営者の方が決断しやすい。ONEが船隊整備

について定量発注の原則を打ち出したのは、過去の失敗や教訓から学んだからだ。

船舶投資を進めていけば、操船する船員の手配やメンテナンスを含む船舶管理業務を自ら担うことが必要となる。これまでＯＮＥは、ほぼすべての船舶を株主である3社から借りてコンテナ輸送サービスを提供してきた。配船計画などはＯＮＥ自身が行うものの、船員の手配や船の管理などは3社が手がけてきた。

２０２１年12月末時点で、親会社からの用船比率は75%まで下がっている。２０２２年5月末、初めて自社船を発注しており、今後は徐々に親会社からの用船比率は低くなっていくと見られる[21]。

通常、どの海運会社も船舶の管理や船員の手配は自社で行うか、外部の船舶管理会社などを活用する。船舶管理をどの程度までアウトソースするかは会社によって方針が分かれるものの、ある程度の規模の海運会社であれば、船舶を効率よく運用するために自社による船舶管理も必要となる。

どういう形で船舶管理業務を手がけ、船員などを確保・育成していくかは、ＯＮＥにとっての大きな課題の一つである。

大きな海運会社を持たない国によるコンテナ船社への警戒も強くなっていくだろう。米国のバイデン大統領は２０２２年6月、サプライチェーンの問題やインフレ問題に取り組んでいることをアピールすることを目的として、ロサンゼルス港を訪れた際、大手海運9

社を非難した。[22]

「9つの大手コンテナ海運会社が物価を押し上げた」

同年7月、経済協力開発機構（OECD）および世界交通フォーラム（ITF）がコンテナ船社の監視強化の必要性に関する提言をまとめた。一方でコンテナ海運会社を持つ国の政府は自国のコンテナ海運会社に対する保護姿勢をより鮮明にしていくだろう。

すでにコンテナ船社の世界的な集約が進んでいることもあり、コンテナ船社の経営は、ビジネス面以外でも自国政府や各国政府への対応など、これまでよりはるかに難度が高くなっている。

一度手放すと二度と取り戻せないビジネス

コンテナ船事業は全体を俯瞰したシステム構築・運営の能力が問われる点で、企業の総合力がモノをいう、かなり難しい商売である。日本の大手海運会社が赤字を計上しながらコンテナ船事業を運営してきたのは、重要な事業であるだけでなく、一度手放してしまうと二度と取り戻せない事業だからだ。

コンテナ輸送事業の経営はメーカーとは異なり、必ずしも技術力がゲームチェンジの決め手になる訳ではない。最先端テクノロジーや匠の技が必要となる場合もあるが、それが絶対ではない。

各地の拠点で働くスタッフは業務に精通したプロフェッショナルだが、唯一無二ではない。巨大なコンテナ船もその運航ノウハウは長年の蓄積だが、船そのものは内燃機関に頼る確立した技術である。

だが、約200隻のコンテナ船を日々運航し、120カ国との間で130の定期航路を提供してネットワークを張り巡らせる組織運営力は、長年にわたって培ってきたものであり、かけがえのない資産である。

かつて、海運業界で最新鋭の技術や経営管理を誇っていたのは米系海運会社だった。それが今や、世界規模で活躍する米系は存在しない。今回のコロナ禍で物流が大混乱に陥るなか、米国政府が対応に苦慮したのも、サプライチェーンを支えるコンテナ輸送がほぼ100%、海外の海運会社に委ねられていたからだ。

バイデン大統領がコンテナ海運会社への批判を強めたのも、自国に海運会社がないことに対する危機意識の裏返しかもしれない。

各国政府からの厳しい監視の目やサプライチェーンを支える重要な役割など、コンテナ海運会社を取り巻く環境は今後、どうなっていくのか。

ニクソンの下でONEを牽引する岩井は、以前のインタビューで、今後の運営方針をこう述べている。

「チームとプレーヤーの特性を踏まえた『戦略づくり』が肝要なことは言わずもがなで、

優れた戦略を立て、個人の能力とチームワークをうまく融合させることで初めて、勝利が視野に入ってくるのではないか[23]」

本書執筆の２０２２年12月10日時点で、コロナ禍で高騰していたコンテナ運賃はほぼコロナ禍前の水準まで戻りつつある。世界のコンテナ船業界に未曾有の好況をもたらしたコロナ禍の混乱はほぼ収束し、海運業界にとっては正常化という名の厳しい将来が待っている。

ＬＮＧ燃料船や水素燃料船、アンモニア燃料船など環境に配慮した新しい船や設備への投資も待ったなしの課題だ。世界一をめざすＯＮＥにとっては、これからが正念場となる。

出島組織サミットの参加者たち。2022年11月12日　（写真提供：出島組織サミット実行委員会）

エピローグ

病床からの
クリスマスカード

海運マンの原点

岩井にとって、いまでも忘れられない思い出がある。1990年代の米国留学時代のことだ。留学先で最初の冬を迎えた年末、1通のクリスマスカードが届いた。差出人は宮岡公夫。日本郵船の社長、会長を歴任し、当時は相談役となっていた。

「岩井君、頑張ってくれたまえ」

メッセージカードにはひと言、手書きのメッセージが添えられていた。異国の地に旅立った若手社員への直筆のカードだった。普通であれば感激するところだが、当時、社内では虚礼廃止が原則だったため、岩井は「ちょっとおかしいのではないか」と妙な反骨心から返事を出さなかったという。

2度目の冬も宮岡から再びクリスマスカードが届いたが、このときは何も書かれていなかった。岩井もさすがに今度は返礼のカードを送った。すると、年明けからしばらくして、手紙が届いた。宮岡本人からではなく、秘書からの手紙だった

「素敵なクリスマスカードを有難うございました。宮岡さんがお読みになることができたら、さぞお喜びになられたかと思います。生前、宮岡さんは、どんなに忙しくても、海外勤務で苦労されている社員の皆さん御一人おひとりに、手書きのメッセージを添えてクリスマスカードを送ることを年末行事とされていました」

「今年は末期癌の病床で皆さまにメッセージをお書きできないことを大変悔やまれていま

した。このようなお返事をいただけたことを、きっと空の上でお喜びかと思います」

宮岡は第二次世界大戦中、学徒動員で海軍に配属され、戦艦大和の沖縄特攻作戦に動員された駆逐艦に乗り組んでいた。宮岡が乗った駆逐艦は途中で機雷に接触したことから航行不能となり、戦列を離れた。結果としてそのことで、宮岡は九死に一生を得ることになる。

そうした戦時の苛酷な経験から勲章をすべて辞退するなど硬骨漢として知られた宮岡は、海外で苦労する社員には常に気を配り、直筆で手紙を送り続けた。北京に留学したある若手社員は、2カ月に1度、宮岡と手紙を遣り取りしていたという。

「島国である日本にとって海運が伸びなければ貿易も伸びない。日本海運をなんとか復権したい。それが死んだ仲間の霊を慰めることに通じると思いました」

後年、宮岡は財界の同人誌に日本郵船への入社の動機をこう記している。

「海外で働く社員の苦労を思い、病床からクリスマスカードを送り続ける。社員へのやさしさと強い思い、そして人としての立ち居振る舞い。自身の働く会社や経営者のスケールの大きさを改めて感じた」

岩井にとって、宮岡との出会いは海運マンの原点ともいえる体験だった。

地盤低下のなかで

留学から帰国後、岩井はほぼ一貫してコンテナ船部門でのキャリアを積み重ねていった。学生時代にバックパッカーとして世界を旅した岩井にとって、国際海運、とりわけコンテナ輸送はこの上なくロマンに溢れ、やり甲斐に満ちた世界だった。

幕末の開国から明治維新、そして戦後復興を経て経済大国に至るまで、日本の歴史で海運が果たした重要性は語り尽くせるものではない。国際海運の中で革命と言われたコンテナリゼーションで、日本企業はある時期までその主役といってもいいほどの大きな存在感を示していた。

だが、そうした構図は１９９０年代以降、徐々に変化していく。コンテナリゼーションを主導した米国海運に伍して競争した時代が過ぎ、90年代以降になると、その地位はジリジリと低下していく。伝統船社が徐々に退場していくなか、日本海運もゆっくりとではあるが、先細りしていく感が拭えなかった。

日本海運だけでなく、コンテナ輸送の世界でも日本の地位はジリジリ低下していった。１９８５年のコンテナ港の世界ランキングでは、神戸港は5位、横浜港も12位だった。特に神戸港は当時、アジアのハブ港であり、90年代前半までは中国や韓国からの貨物を欧米に輸出する拠点としての地位を保持していた。しかし、それが阪神淡路大震災で一変する。

横浜港も、かつては日本からの輸出を担うゲートウェイ港だった。だが、北東アジアのハブ港の地位を台湾・高雄、さらには韓国・釜山に奪われて久しく、輸出ゲートウェイ港でも経済成長する中国の上海や深圳などの港が顕著な成長をみせ、日本の港湾が規模で太刀打ちするのは難しくなっていった。

岩井がコンテナ船部門でキャリアを積むなか、海運同盟や船社グループの会合で辻井や栗本らと知り合い、会社の枠を越えて日本海運の行く末を話し合うようになっていった。邦船の地位低下をじっと指をくわえてみている悔しさは、3人に共通していた。

薩長同盟で手を握った西郷隆盛、大久保利通、木戸孝允ともいうべき3人は、コンテナ海運会社の再編とそれに伴うONEの発足で手を取り合っていく。これが日本のコンテナ船社が復権するラストチャンスとなることが、3人には分かっていた。

出島で引き継がれる日本海運の精神

2017年、ONEは発足した。それは旧来の日本海運モデルの否定でもあった。新しく求めたのは新天地シンガポールであり、組織構造が入り組んだ大企業型ではなく、ベンチャーのような身軽でフラットな組織としてのスタートだった。本社や本部から離れた場所で、ベンチャー精神に基づいて活動する出島組織、それがONEだった。

ただし、出島組織と呼ぶ意味はもう一つある。

「江戸時代の出島は、日本にとって世界と繋がる唯一の窓口であり、日本の海運業にとってのルーツ。出島を通じて学んだ海外の優れた手法や知識によって日本各地の港が発展し、海運業が台頭することになった」

この岩井の言葉を繰り返すまでもなく、日本海運の発祥の地はまさに長崎の出島だった。出島を意識することは、古き良き日本海運の伝統と精神をしっかりとシンガポールで受け継いでいくこと。そんな強い思いゆえだった。

「決断は中央が迅速に、その代わり、実行はより現場に近いところに委ねる」

ONEはコンテナ輸送ビジネスにとって最適な体制を追求するために、本社権限を強化することをめざした。中央に情報がしっかり集まる体制である。そのためには、組織内に自由闊達な雰囲気を作り、国籍に関係なく社員が自由に異論を出せる気風が重要となる。

岩井が師と仰ぐ宮岡公夫は権威主義とは無縁の存在で、自由闊達で年次に関係なく議論し、反論や批判を歓迎した。

宮岡の会社人生は、決して順風満帆ではなかった。入社してすぐに組合活動に熱を入れたことで、荷役係に飛ばされている。職場結婚がタブー視されていた当時、社内で職場結婚の第一号になってもいた。

常に新しいことを追求し、若返りをして組織の硬直化を防いでいく。それは、宮岡ら先人が築き上げた日本海運の伝統でもあった。シンガポールという出島で新しい挑戦をしているONEには、長崎の出島から世界に飛び出して行ったことで培われてきた日本海運の自由闊達な精神が受け継がれている。
日本資本主義を支えてきた伝統的大企業にとって、これからめざすべき道をONEが示している。

COLUMN

JTCのアンチテーゼとしての出島組織

三菱財閥の祖・岩崎弥太郎によって創業された郵便汽船三菱会社と、日本資本主義の祖である渋沢栄一らが立ち上げた共同運輸会社、この2社が合併して生まれた日本郵船。1878年に鉄製蒸気船「秀吉丸」で三池炭鉱の海外輸送をきっかけに、阪神から瀬戸内までの中小船主70余名の大同団結で設立された大阪商船をルーツにもつ商船三井。第1次世界大戦の終結で余剰になったストックボート（一定の需要を見越して発注者が決まらないまま建造された同一船型の船舶）を活用し、「郵船・商船に伍して活躍できる海運会社を」という松方幸次郎の大号令によって生まれた川崎汽船。

強烈な個性を持ったリーダーや在野の民間人が持つエネルギーを創業のストーリーとし

て受け継いでいる性格から、海運会社は元来、自由闊達な社風をもち、個性的な社員が多かったという。

こうした気風を受け継ぐことでコンテナ輸送の黎明期、日本の海運大手はグローバルにネットワークを張り巡らせつつ、欧米競合船社と切磋琢磨しながら成長していった。しかし、コンテナ輸送の果てしない競争は消耗戦となり、長期契約を獲得できる安定した資源エネルギー輸送をより重視する姿勢に変わっていった。事業としての安定性は高まる一方、一般消費財から産業部材まで物流の核となるコンテナ輸送で日本の海運大手のプレゼンスが低下していったことは否定できない。

しかも、近年、コンプライアンス徹底の掛け声の下、様々な形式主義が幅を利かせるようになり、おおらかさがなくなって、自由闊達さも減ったといえるだろう。法令順守は当然にしても、それが行き過ぎると、新しい挑戦や思い切った経営判断ができなくなる。

「失われた30年」に日本企業が低迷していた理由も、まさにこれだ。安定しているがじり貧、といったJTC（Japanese Traditional Company）のイメージが生まれた原因も、創業者的な経営者の時代が去り、上から下まで過度の形式主義で身動きが取れなくなっている、との指摘も頷ける。

「とにかく赤字をなんとかしてくれ、と本社から言われて作られた組織だったので、世界的なコンテナ船業界の再編に乗り遅れないよう、ダイナミックに動けた。というよりダイナミックに動かないと生き残れなかった」

「会議室に幹部以下が集まってあれこれ議論はするが、結論はでない。そういうことのアンチテーゼとして、ゼロから組織を作った」

ONE関係者に共通する思いだった。

岩井らONEの関係者が「出島組織」というコンセプトに触れたのは、仕事を依頼したPR会社が出島サミットの結成メンバーだったことがきっかけだ。このサミットの仕掛け人で実行委員会副委員長の倉成英俊さんは次のように語る。

「失われた30年で海外からいろんな経営手法が輸入されたが、どれも根付かなかった。われわれは、『出島組織』というわが国の歴史から生まれた発想、コンセプトを広げていきたい」

ONEの試みはまだ始まったばかりだが、注目すべき実験と言える。

あとがき

2022年10月末に訪れたシンガポールは、繁華街にも人が溢れ、マスク姿もたまに見かける程度だった。そのシンガポールに前回訪問したのは2020年1月末。当時は中国など一部地域にとどまっていたコロナ禍だったが、チャンギ空港でマスク姿の人の多さやホテルでの体温検査など強い対策に驚いたことを覚えている。

いま振り返ると、コロナ対応の初動と規制解除の迅速さを見るにつけ、シンガポールの柔軟性には驚くばかりである。そのシンガポールがONEにとって最適な「出島」ということは本書でも強調したが、コロナ禍後の実情を現地で取材できたのは得難いことだった。

「せっかくなのでシンガポールに来て現場を見ませんか」

ONEの岩井泰樹さんからそう提案してもらえなければ、シンガポール行きは実現しなかった。現地の雰囲気を、肌身をもって感じられたことは、本書を執筆する上でかけがえのない手助けとなった。

日本のコンテナリゼーションの歴史を記し、その中で象徴的であったＯＮＥ発足に至る物語も紹介する。それが当初の企画案だった。

しかし、本書の執筆が進むなか、ＯＮＥはトヨタ自動車に次ぐ利益額を計上した。つい数年前までは海運大手３社の赤字部門からのスピンアウトによって発足した存在だったＯＮＥの快進撃はある意味、特筆すべきものだった。

そして出島組織というユニークさは、停滞感の強い日本企業にとって新しい成功事例を提示することになる。ぜひ、ＯＮＥに焦点を当てた物語にすべきではないか。本書の編集を担当した日経ＢＰの黒沢正俊氏からの薦めもあり、大胆に再構成した。

正直、途中でこの本は出来上がらないのではないか。そんな不安に苛まれたことも何度かあった。多くはわれわれの遅筆が原因だが、それでもなんとか刊行できたのは、時にはかなり強引に、時には大胆な編集提案で我々を導いてくれた黒沢さんのおかげである。

そして、共著者２人と担当編集者というユニークな３人組を快くシンガポールで受け入れてくれた岩井さんはじめＯＮＥの方々のご厚誼がなければ、出版にこぎつけることはできなかった。お礼を申し上げたい。


「水と空気とコンテナ輸送」

いまやコンテナ輸送なしに我々の生活は成り立たないが、あまりに当たり前すぎて水や空気のような存在になっている。そんな嘆きを関係者から聞く。本書を読んで少しでもコンテナに興味を持ち、その中で海外船社と伍して競争しているONEの活躍を知ってもらえれば、それに勝る喜びはない。

二〇二二年一二月

幡野武彦、松田琢磨

注

1 1950年代後半から1960年代前半に、日本の海運会社は業績が悪化していた。収益率は他産業より低く、1963年に配当実施企業は1社だけだった。そこで、運輸省主導で業界を再編し、国際競争力強化と負担軽減を計画したのが海運集約だった。1963年、「海運業の再建整備に関する臨時措置法」と「外航船舶建造融資利子補給および損失補償法および日本開発銀行に関する外航船舶建造融資利子補給臨時措置法の一部を改正する法律」の海運二法が施行された。集約参加企業には、日本開発銀行の一部融資について利払いが5年間猶予され、国からの利子補給の年限延長や支給率引き上げ措置が講じられた。その結果、海運集約には外航船の船腹量で約90%を占める88社が参加し、主要12船社が合併した会社を中核とした6つの企業グループに集約された。その後、海上輸送量が順調に増加し、海運会社の財務は改善した。不参加は、三光汽船や石油会社の系列会社などにとどまった。

2 「次代への戦訓　川崎汽船・朝倉次郎氏」『海事プレス』2019年9月27日

3 アライアンスは、主要航路で一括して締結される運航面の船社間協定であり、コンソーシアムと呼ばれる共同行為の一部である。共同運航のために運航スケジュール、運航回数、航路の調整を行う。アライアンスやコンソーシアムも各国で競争法の適用除外措置が取られている。海運同盟と異なり、コンソーシアムに対してはEUでも競争法の適用除外が認められており、定期的に更新がなされている。

4 1984米国海運法は、同年に改正された米国関係航路における海上輸送に関する法律。米国政府が1970年代後半から航空、鉄道などの分野で実施してきた交通分野における規制緩和の一環という側面がある。海運同盟に対する競争法適用除外の継続と認可プロセスの簡素化が実施される一方、大口荷主に対する運賃割引（サービス・コントラクト）や同盟に所属する船社が同盟の認可を得ずに運賃を設定できるインディペンデント・アクションの導入、一定期間盟外船社を利用しない契約をした荷主に対して割引運賃を適用する二重運賃制の実質的な禁止などを導入した競争促進型の政策であった。

5 海運同盟は運賃水準や便数の取決めを伴う海運会社間の協定であり、カルテルの一種である。1875年に紅茶貿易を規制するために設立されたカルカッタ同盟が起源とされている。競争法の始まりとなる1890年の米国シャーマン法が成立する以前に同盟を通じた商慣習ができていたことから、認められるようになったとされる。

海運同盟は定期船の航路別に結成され、当初は参入制限を行う閉鎖型であった。海運同盟は同盟に所属しない盟外船社を排除するための運賃制度として、①運賃延戻制や②二重運賃制、③運賃割戻制を設けていた。

運賃延戻制は、一定期間盟外船社の船舶を利用しなかった荷主に対して適用される運賃であり、さらに一定期間盟外船社を利用しなかった場合には最初の期間に支払った運賃の一部を払い戻す。二重運賃制は、一定期間盟外船社を利用しない契約をした荷主に対して、このような契約をしない荷主より安い運賃を適用する制度である。運賃割戻制は一定期間盟外船社を利用しなかった荷主に対して、運賃の一部を払い戻す制度であった。

6 日本郵船の12年3月期決算資料。

7 リチャード・ギブニーについては、舘野美久「ＴＥＵを考案した男」（*Container Age* ２０１５年９月号）参照。

8 コンテナに積めることのできる貨物は20フィートコンテナで20トン前後、40フィートコンテナで25トン強である。

9 アイデアルX号のコンテナ輸送では35フィートコンテナが使用され、現在とは厳密には異なる。

10 マルク・レビンソン『コンテナ物語　増補改訂版』村井章子訳、日経ＢＰ社。

11 臼井潔人（２０１３）〝海の物流システム革新事例－商船の変遷史コンテナ船－〟，日本海事新聞

12 在来船とも呼ばれる。現在でも離島など貨物の少ない航路へ消費財を運ぶ際は、一般貨物船が使用されることがある。一般貨物船にコンテナを積み込むこともある。

13 ガントリークレーンを使用しない港もある。現在の日本の地方港でも使われていない港がある。

14 コンテナは荷主またはフォワーダーが発送元もしくは港で荷物を詰めた後、封印をする。

15 例えば、Bernhofen, El-Sahli and Kneller (2016) “Estimating the effects of the container revolution on world trade”, Journal of International Economics '98, pp.36-50.

16 期限が切れてから協約が更新されるまでは、前の契約が延長されることとなっている。

17 本図宏子（２０１５）「中国ワールド・シッピング・サミットに参加して」日本海事新聞２０１５年１月29日付

18 日本海事新聞「海の日特集号」２０２１年７月20日付

19 ２０２２年７月、シンガポール港のコンテナ・ターミナルを見下ろすビルの一角に、ＯＮＥは新事務所「グリーンオフィス」を開設した。現在、同事務所には南アジア地域本部や一部本社のスタッフなど１００人近くが働いている。

20 ２０２１年２月に起こったシステム障害を受けて、みずほフィナンシャルグループが設置した「システム障害特別調査委員会」の調査報告書は、以下のように指摘している。「いわゆる縦割りの組織構造において、積極的な組織間連携を期待することは困難である。その結果、そういった企業においては、事前に想定しなかった事態が突発的に生じると、組織間連携の欠如により、いわゆるポテンヒットが生じる（後略）。また、前例がないことについて、新たな提案を行うことが困難となり、根本的な改善提案や業務におけるイノベーションを期待することも難しい状況となる。」（１２９Ｐ）

21 ２０２２年３月23日のＯＮＥ事業説明会資料。

22 NYTIMES, "Biden Casts Inflation as a Global Problem During a Visit to the Port of Los Angeles" ２０２２年６月10日。

23 ２０２２年７月20日「日本海事新聞」「海の日特集号：コンテナ物流編」

著者略歴

幡野武彦

Hatano Takehiko

日本海事新聞編集局長。1969年生まれ。駒澤大学文学部卒業。専門学校講師を経て、2000年日本海事新聞社入社、コンテナ海運を取材。2019年編集部長、2022年12月から現職。

松田琢磨

Matsuda Takuma

拓殖大学商学部教授。1973年生まれ。1997年筑波大学第三学群社会工学類卒業。2016年東京工業大学大学院理工学研究科博士課程単位取得退学、博士(学術)。日本海事センター研究員、主任研究員を経て2020年から現職。専門は、海運経済学、物流（国際・国内）。

日の丸コンテナ会社ONEは
なぜ成功したのか？

2023年2月13日　第1版第1刷発行
2023年3月13日　第1版第2刷発行

著者　幡野武彦、松田琢磨

発行者　村上広樹

発行　株式会社日経BP

発売　株式会社日経BPマーケティング

〒105-8308　東京都港区虎ノ門4-3-12
https://bookplus.nikkei.com/

装丁　新井大輔

製作　マーリンクレイン

印刷・製本　中央精版印刷

Printed in Japan　ISBN978-4-296-00137-8

本書に関するお問い合わせ、ご連絡は下記にて承ります。
https://nkbp.jp/booksQA